AF576329

La puissance du changement des mentalités

Points de vue
Collection dirigée par Denis Pryen

Dernières parutions

Birame Waltako NDIAYE, *L'Afrique saturée de sens, Les illusions immobilisent le continent noir,* 2020.
Alhassane A. NAJOUM, *Les ruptures conjugales en Afrique subsaharienne musulmane, Analyse socio-anthropologique du tashi, de la répudiation*, 2020
Germinal G. VAN, *Au nom de la république forte. Côte d'Ivoire : essais politiques pour une hégémonie régionale*, 2020.
SHANDA TONME, *Les nationalistes africains à l'épreuve. Stratégies et tactiques pour le pouvoir,* 2020.
André MBENG, *Tribalisme, idéologie et jeu politique au Cameroun de 1951 à 2018*, 2019.
SHANDA TONME, *Journal d'un citoyen ordinaire dans une République extraordinaire. Mémoire du temps présent*, 2019.
Raoul NKUITCHOU NKOUATCHET, *Le Cameroun contre sa diaspora,* 2019.
Rameau d'Olivier KODIO, *Dire le Tchad, Réflexion sur un pays embourbé*, 2019.
Stéphane B. ENGUÉLÉGUÉLÉ, *Gouverner l'urgence politique camerounaise*, 2019.
SAULET SURUNGBA Clotaire, *République centrafricaine : la parenthèse Séléka. Chroniques d'une coalition d'obédience musulmane au pouvoir*, 2019.
TOMPTE-TOM Enoch, *Comprendre la violence en République centrafricaine*, 2019.
SHANDA TONME, *Femme, maternité et préjudices sociétaux. Anthropologie des souffrances féminines. Segments d'autobiographie*, 2018.
Clotaire SAULET SURUNGBA, *La centrafricanité, antidote à la crise*, 2018.
Jean Clair MATONDO, *Congo. Toujours les mêmes*, 2018.

Jean-Claude Kayumba

La puissance du changement des mentalités

5-7, rue de l'Ecole-Polytechnique, 75005 Paris

www.editions-harmattan.fr

ISBN : 978-2-343-20998-2
EAN : 9782343209982

Gratitudes…

Premièrement, mes sincères remerciements au Créateur des cieux et de la terre, Maître de toute inspiration. Ma gratitude sans réserve va ensuite au Professeur Benoît Awazi Mbambi Kungua qui a accepté, malgré tout son grand volume de travail, non seulement de bien vouloir revoir ce matériel, mais similairement de me donner son avis et plus encore, de rédiger une préface du livre. De même, ma reconnaissance infinie au Dr Hubert Kayonda qui a rédigé la postface de cet ouvrage. De tout mon cœur, je suis gré à Mme Nadine Tshibangu qui, il y a quelques années, m'a encouragé à commencer à écrire alors que j'hésitais encore à le faire. Similairement, ma reconnaissance sans limites va au Révérend Mao Zakuani qui a pris le temps de relire cet ouvrage avant sa publication finale, cela en dépit de ses lourdes tâches et responsabilités. Finalement, mon bouquet de reconnaissance va à mon épouse Emily et mes chers enfants Différence, Unique et Excellence. Ils ont été longuement patients quand j'étais constamment parti, combinant mes études universitaires, la rédaction de ce matériel qui m'a pris plusieurs années, et mes autres multiples occupations. Aussi, à tous ceux qui de près ou de loin m'ont soutenu dans cette lourde tâche, je serai à jamais redevable…

JC

Préface

Le changement des mentalités dans les communautés africaines du continent et des diasporas : *vers une révolution philosophique, éthique, politique et théologique ?*

Professeur Benoît AWAZI MBAMBI KUNGUA[1]

Jean-Claude Kayumba livre ici à la communauté infinie de ses lectrices et lecteurs un opuscule habilement orchestré dans sa volonté de les faire réfléchir sur leurs

[1] Docteur en Philosophie de l'université Paris IV-Sorbonne (avec une thèse en phénoménologie : *Donation, Saturation et Compréhension. Phénoménologie de la donation et phénoménologie herméneutique : Une alternative ?,* L'Harmattan, Paris, 2005, dirigée par le professeur Jean Luc Marion de l'Académie française) et titulaire d'un DEA en Théologie de l'université de Strasbourg, Benoît AWAZI MBAMBI KUNGUA focalise ses recherches pluridisciplinaires sur la quête d'un leadership éthique, intellectuel, prophétique et réticulaire, pour l'éclosion effective d'une « *Autre Afrique* », celle qui marche, fière, digne et debout, vers l'édification d'un avenir prospère pour ses populations malmenées par la crise économique dite pompeusement « mondiale ». Il est l'actuel président du Centre de Recherches Pluridisciplinaires sur les Communautés d'Afrique noire et des diasporas (Cerclecad, www.cerclecad.org) basé à Ottawa, au Canada. Parmi ses ouvrages, signalons : *Panorama de la Théologie négro-africaine contemporaine,* L'Harmattan, Paris, 2002 ; *Donation, Saturation et Compréhension. Phénoménologie de la donation et phénoménologie herméneutique : Une alternative ?,* L'Harmattan, Paris, 2005 ; *Panorama des Théologies négro-africaines anglophones*, L'Harmattan, Paris, 2008 ; *Le Dieu crucifié en Afrique. Esquisse d'une Christologie négro-africaine de la libération holistique*, L'Harmattan, Paris, 2008 ; *De la Postcolonie à la Mondialisation néolibérale. Radioscopie éthique de la crise négro-africaine contemporaine*, L'Harmattan, Paris, 2011 ; *Déconstruction phénoménologique et théologique de la modernité occidentale : Michel Henry, Hans Urs von Balthasar et Jean-Luc Marion,* L'Harmattan, Paris, 2015. Son prochain ouvrage a pour titre : *Le Tournant prophétique des théologies négro-africaines contemporaines. De l'Auto-Performativité de la Deutérose*, L'Harmattan, Paris, 2020.

actes, leurs pensées et leurs agrégations sociales en Occident et en Afrique. Vivant et travaillant à Manchester (Le Royaume-Uni) depuis quelques années, et étant intégré dans la vie universitaire et ecclésiale en Angleterre, son ouvrage se lit comme une exhortation à une *remise en cause consciente des individus et des sociétés* dans lesquelles ils évoluent au quotidien. Étant né en République démocratique du Congo, et arrivé en Angleterre en tant qu'adulte, son ouvrage embrasse aussi bien les défis sociopolitiques et éthiques de la société britannique que ceux de l'Afrique d'où il provient. Il se lit comme une oscillation dialectique entre le processus de déterritorialisation et celui de reterritorialisation des « Afriques » en Occident et en Afrique. Il rejoint ainsi habilement la mission du Cerclecad qui consiste à produire des connaissances transversales pour résoudre les défis protéiformes des Africains à cheval entre le Continent et ses diasporas subalternes et marginalisées en Occident. La tâche primordiale du Cerclecad consiste à atteindre l'émancipation holistique par la mise en œuvre de l'érudition pluridisciplinaire dans la diffusion mondiale de notre revue *''Afroscopie''*. L'ouvrage se termine par une exhortation à affermir l'éducation, les universités et la transmission des connaissances vitales sans lesquelles aucune société ne peut fonctionner dans la paix sociale[2]. En cela il se situe au cœur de la mission hautement

[2] Lire : **Benoît AWAZI MBAMBI KUNGUA (Dir.),** *L'inexistence de l'État en Afrique contemporaine et l'opérationnalisation des alternatives politiques émancipatrices,* ***Afroscopie IX/2019***, (Revue savante et pluridisciplinaire sur l'Afrique et les communautés noires), publiée par Le Cerclecad-Harmattan, Ottawa-Paris, 2020.

philosophique[3] et bibliocratique du Cerclecad dans les quatre coins du monde.

Ma préface va se limiter à expliciter les termes constitutifs du sous-titre intitulé : « ***Vers une Révolution philosophique, éthique, politique et théologique ?*** » C'est autour de la notion de « Révolution » que j'ai parcouru cet ouvrage et j'ai attribué quatre adjectifs pour la définir en compréhension. L'ouvrage promeut tout d'abord une ***révolution philosophique***, car il propose une compréhension de l'être humain à la fois constitué par des déterminismes sociologiques, biologiques, culturels tout en donnant la priorité gnoséologique à la capacité de l'éducation, des savoirs, des connaissances, des mentalités engageantes et des idées-forces dans l'auto-compréhension cognitive de chaque individu dans sa société. Il met en œuvre ensuite ***une révolution éthique***, car il parie sur la capacité de l'animal humain à se transcender sans cesse dans la recherche du sens de sa vie et la création d'une vie sociale et communautaire où la raison éthique a le dessus sur l'animalité indépassable de l'humain. Mais le fait que l'humain libère ses mains et quitte la posture à quatre pattes de la pure animalité dépourvue de la raison diacritique impose à l'homme la tâche éthique de soumettre ses instincts et ses passions à l'aune de l'exigence de la pensée rationnelle qui lui donne de la hauteur de vue et de compréhension de sa finitude dans la société et l'époque où se joue son passage

[3] Lire : Benoît AWAZI MBAMBI KUNGUA (Dir.), *Philosophies africaines, Études postcoloniales et Mondialisation néolibérale. Variations africaines et diasporiques, Afroscopie VIII/2018*, (Revue savante et pluridisciplinaire sur l'Afrique et les communautés noires), publiée par Le Cerclecad-Harmattan, Ottawa-Paris, 2018, 716 pages.

éphémère sous le soleil de Dieu. Il effectue ***aussi une révolution politique,*** car il questionne les crises, les blocages et les catastrophes qui caractérisent les sociétés africaines postcoloniales[4] dont la plupart « totalisent » 60 ans d'une gestion chaotique des indépendances qui aggravent les clichés afro-pessimistes aussi bien en Afrique que dans les diasporas marginales vivant en Occident, où vit l'auteur. Finalement, il instaure une ***révolution théologique***[5] en mettant en avant l'impérieuse nécessité de vivre la foi en Dieu dans le sens de la responsabilité de l'homme dans sa société, en évitant toute religion « ***opium du peuple*** » en Afrique et dans les diasporas en Occident. À cause de la primauté des questions religieuses, métaphysiques et thérapeutiques dans les sociétés traditionnelles africaines, aucune reconstruction et aucune libération holistique ne peuvent se produire aujourd'hui en Afrique sans une réactivation

---

[4] Lire les ouvrages suivants : Benoît AWAZI MBAMBI KUNGUA., *De la Postcolonie à la Mondialisation néolibérale. Radioscopie éthique de la crise négro-africaine contemporaine,* L'Harmattan, Paris, 2011, 204 pages ; Benoît AWAZI MBAMBI KUNGUA (Dir.), *Le Bilan de 50 ans des indépendances politiques africaines et les défis de l'intégration des Africains au Canada. Histoire, Enjeux éthiques et Perspectives d'avenir pour la Renaissance africaine, Afroscopie III/2013* (Revue savante et pluridisciplinaire sur l'Afrique et les communautés noires), publiée par Le Cerclecad-Harmattan, Ottawa-Paris, 2013, *260 pages*

[5] Lire mes ouvrages suivants : B AWAZI MBAMBI KUNGUA, *Panorama de la Théologie Négro-Africaine Contemporaine,* L'Harmattan, Paris, 2002, 210 pages ; ID., *Panorama des Théologies négro-africaines anglophones*, L'Harmattan, Paris, 2008, 283 ; ID., *Le Dieu Crucifié en Afrique. Esquisse d'une Christologie négro-africaine de la libération holistique,* L'Harmattan, Paris, 2008, 330 pages ; ID., *Déconstruction phénoménologique et théologique de la modernité occidentale : Michel Henry, Jean-Luc Marion et Hans Urs von Balthasar*, L'Harmattan, Paris, 2015, 316 pages ; ID., *Le Tournant prophétique des théologies négro-africaines contemporaines. De l'Auto- Performativité de la Deutérose,* L'Harmattan, Paris, 2020.

tous azimuts de la question incandescente de Dieu en Afrique et dans ses diasporas subalternes en Occident.

Ce qui rend impérieuse la nécessité épistémologique, éthique et politique de « **Dieu**[6] » dans l'auto-compréhension des Africains à cheval entre le *monde visible* et *le monde invisible de Dieu et des ancêtres.*

L'auteur a décrit plusieurs scénarios empiriques où des mentalités expliquent les crises, les défaillances, les dysfonctionnements, les empoisonnements et les sorcelleries en Afrique et dans les diasporas. Sans être exhaustif, je cible les cas qui restituent avec gravité l'ampleur des crises africaines : il y a tout d'abord la persistance, voire la recrudescence de la propension des Africains à expliquer les anomalies sociales en recourant massivement aux étiologies pseudo-religieuses et irrationnelles. Par exemple, la naissance des albinos, des enfants avec handicaps physiques, des jumeaux est traditionnellement interprétée comme une série des châtiments de Dieu et des génies ancestraux.

La présence des chats qui miaulent la nuit ou des souris qui circulent dans les maisons est tout de suite comprise

---

[6] Benoît AWAZI MBAMBI KUNGUA (Dir.), *Dieu et l'Afrique. Une approche prophétique, émancipatrice et pluridisciplinaire, Afroscopie VI/2016*, (Revue savante et pluridisciplinaire sur l'Afrique et les communautés noires), publiée par Le Cerclecad-Harmattan, Ottawa-Paris, 2016, *659 pages* ; Benoît AWAZI MBAMBI KUNGUA (Dir.), *La Chine et l'Inde en Afrique. Une approche postcoloniale et pluridisciplinaire. Suivi de plusieurs articles en théologie, philosophie et sciences sociales et politiques, Afroscopie VII/2017*, (Revue savante et pluridisciplinaire sur l'Afrique et les communautés noires), publiée par Le Cerclecad-Harmattan, Ottawa-Paris, 2017, 490 pages ; Benoît AWAZI MBAMBI KUNGUA (Dir.), Dieu, Jean-Marc Ela, ENGELBERT MVENG ET L'AFRIQUE : *Vers un christianisme africain autonome fécondé par une théologie de la libération prophétique et trinitaire, Afroscopie X/2020*, (Revue savante et pluridisciplinaire sur l'Afrique et les communautés noires), publiée par Le Cerclecad-Harmattan, Ottawa-Paris, 2020.

comme des attaques des sorciers. Les réseaux et médias sociaux qui devraient être des creusets pour l'exercice d'une rationalité communicationnelle, philosophique, démocratique et constructive sont aujourd'hui des lieux d'incubation d'antivaleurs comme la diffusion des ébats sexuels des ennemis ou rivaux dans la politique, les Églises et les universités. La banalisation et la normalisation de la corruption à tous les niveaux de la vie publique des sociétés africaines contemporaines constituent un « lieu d'aggravation » de l'afro-pessimisme de la part d'autres peuples et pays du monde.

Jean-Claude Kayumba n'est pas tombé dans cette paresse intellectuelle de l'afro-pessimisme ambiant, parce qu'il discerne bien les bonnes valeurs et pratiques à apprendre du monde occidental où il vit et travaille aujourd'hui, ainsi que des mauvaises idéologies nihilistes, consuméristes et athées à rejeter catégoriquement. De la même façon, il a fait avec beaucoup d'honnêteté intellectuelle une autocritique vigoureuse des corruptions, des magouilles, des sorcelleries, des pathologies ethno-tribales et des pratiques pseudo-religieuses et obscurantistes qui bloquent durablement l'émergence des Africains comme des « *Ipséités*[7] » conscientes, responsables et performatives dans leurs sociétés respectives, aux yeux des autres peuples de la planète et devant Dieu qu'ils prient à longueur des journées et des nuits sans que cette piété populaire et compulsive fasse

[7] Pour une compréhension philosophique de « l'Ipséité » à différencier qualitativement de « l'Identité », je renvoie à mon ouvrage issu de ma thèse doctorale : Benoît AWAZI MBAMBI KUNGUA., *Donation, Saturation et Compréhension. Phénoménologie de la Donation et Phénoménologie Herméneutique : Une alternative ?*, L'Harmattan, Paris, 2005, 310 pages.

advenir des changements significatifs des mentalités préalables au décollage politique, économique, social et intellectuel des sociétés africaines aux prises avec les déboires de la gestion chaotique des défis postcoloniaux, les dominations charriées par les projections néolibérales des puissances du monde (l'Union européenne, les EUA, la Russie, la Chine[8] et la Turquie) et la résurgence du racisme contre les Noirs aux États-Unis, en Europe, en Afrique du Sud et entre pays africains qui n'hésitent pas à chasser les Africains non nationaux, comme tout récemment l'expulsion meurtrière des Congolais de la RDC de l'Angola et du Congo-Brazzaville.

Bravo à l'auteur pour la clarté, la concision et la rigueur méthodologique dans l'exposition des thèses, des idées-forces et des cas empiriques, où se lisent la prégnance des mauvaises mentalités dans l'aggravation des conditions de vie matérielles, psychiques et intellectuelles dans la grande majorité des pays de l'Afrique subsaharienne. Étant un théologien prophétique de la libération holistique, j'ai lu et interprété cet ouvrage comme une exhortation actuelle à nous convertir aux appels déconcertants de la Révélation de Dieu dans la mort et la résurrection de Jésus de Nazareth qui s'adresse directement aux Africains en leur disant droit dans les yeux : « *Et vous Africains que dites-vous que je suis dans les crises, les joies, les souffrances, les épreuves et les blocages que vous vivez durant les 60 ans des indépendances ? En quels domaines précis vos*

---

[8] Lire notre dossier bien charpenté : Benoît AWAZI MBAMBI KUNGUA (Dir.), *La Chine et l'Inde en Afrique. Une approche postcoloniale et pluridisciplinaire. Suivi de plusieurs articles en théologie, philosophie et sciences sociales et politiques, Afroscopie VII/2017*, (Revue savante et pluridisciplinaire sur l'Afrique et les communautés noires), publiée par Le Cerclecad-Harmattan, Ottawa-Paris, 2017, 490 pages.

mentalités africaines constituent-elles des blocages qui vous font régresser par rapport à d'autres peuples de la planète qui vous regardent avec mépris au terme d'une séquence historique tragique marquée structurellement par l'esclavage, la traite des Noirs, le racisme systémique dans le monde occidental, la colonisation et les déboires de la postcolonie ? Et finalement quels sont les domaines de votre vie qui ont le plus besoin de la conversion profonde à l'éthique théologique et politique du Royaume de Dieu aujourd'hui en Afrique ? »

Professeur Benoît AWAZI MBAMBI KUNGUA
Philosophe, Sociologue et Théologien
Prophète-Président du CERCLECAD (Ottawa, Canada).
Courriels : benkung01@yahoo.fr
& nabiawazi@gmail.com

Épigraphes…

« L'Éducation est une arme puissante pour faire évoluer les mentalités » (Nelson Mandela)

« Le leadership transformateur par le changement de mentalité pourrait être la voie par laquelle l'Afrique peut relever le défi de la faible gouvernance, des niveaux élevés de corruption et de la croissance ineffective »
(Professeur Nnadozie)

Le sous-développement de l'Afrique serait-il lié au fait que les Africaines font trop d'enfants comme le pense le président français Emmanuel Macron ? "Certainement pas" assurent plusieurs experts africains interrogés par Anadolu, qui pointent davantage "le manque de bonne gouvernance" sur le continent. (TRT)

« On ne développe pas, on se développe » (Joseph Ki-Zerbo)

« Nous savons ce que nous sommes, mais nous ne savons pas encore ce que nous pouvons devenir… » (William Shakespeare)

« Les mentalités sont plus difficiles à changer que l'ordre politique » (Paul Guth)

Contextualisation vitale…

Ce recueil a été conçu dans le souci de pouvoir amener un changement réel et maximal parmi les populations éparpillées sur la surface du globe. Avec tout respect, toute modestie et grande considération, le fardeau réel dans la vision originelle de cet ouvrage a été celui d'atteindre et impacter positivement les populations dans des sociétés où l'accès à des ouvrages écrits est difficile. Les pays en voie de développement, et plus particulièrement les régions de l'Afrique subsaharienne, ont été au centre de nos réflexions en rédigeant ce matériel.

Nous étions confrontés à un dilemme alors que nous concevions et écrivions ce fascicule : quel langage utiliser pour que tout le monde se retrouve plus ou moins, dans un contexte où il faut honnêtement reconnaître que la lecture a généralement peu d'amoureux parmi ceux qui ont justement besoin de ce changement des mentalités tant décriées. Il fallait aussi de l'autre côté penser à cette minorité qui aime déjà la lecture pour qu'elle ne trouve pas le texte trop 'ennuyant' ou 'trop bas'. Nous avons ainsi fait de notre mieux pour essayer d'équilibrer les choses, mélangeant un langage et des procédés quelquefois académiques, mais en même temps très pragmatiques, avec plusieurs récits et illustrations pratiques de la vie courante. Généralement, dans la rédaction de ce livre nous avons donc préféré l'approche narrative à l'approche académique, pour des raisons bien évidentes. Nous avons ainsi sensiblement réduit le volume du travail original pour le condenser en ces quelque 13 chapitres, afin de pouvoir faciliter la tâche à ceux qui ne sont pas encore habitués à des longues lectures. Le langage utilisé dans cet ouvrage est celui 'du commun de mortel', simple et direct, évitant des longues tournures grammaticales et académiques exhaustives, pour faciliter la compréhension du lecteur. L'usage d'abréviations a été évité ou très sensiblement réduit. En termes de sources, nous avons combiné des ressources de la littérature académique et de la littérature grise. Le système de citations/références est aussi allégé. Mais notons aussi que les grandes dimensions de la vie courante sont plus ou moins toutes effleurées dans cet ouvrage : la vie sociale, la religion, la politique, l'éducation, le business et la famille qui constitue le premier lieu de socialisation et d'humanisation. Le style et la structure ont aussi été sciemment simplifiés.

En un mot, nous voulions justement que ce fascicule soit déjà un début pour une personne qui veut commencer à changer 'sa mentalité'. Relevons ensuite que ce livret n'est pas basé sur des longues conceptions théoriques. En effet, sa conceptualisation se veut plutôt être utilitaire. Il est en fait le résultat de plusieurs années d'analyse et d'étude empirique enracinée dans des innombrables échanges avec diverses personnes (et communautés) de toutes races, de tout âge, de tout sexe, dans des milieux modernes du globe, mais aussi dans des milieux très ruraux. Ainsi ce travail d'observation m'a amené dans plusieurs villes/villages de certains pays : Allemagne, Angleterre, Angola, Belgique, Cameroun, Centrafrique,

Dubaï, Écosse, Éthiopie, France, Gabon, Hollande, Irlande, Italie, Kenya, Luxembourg, Rep du Congo, RD Congo, Sénégal, Suède, Suisse, Zambie, etc.

J'aimerai relever que cet ouvrage est dans cette édition, un peu comme une édition expérimentale. J'aimerai ici solliciter vos remarques et suggestions constructives qui me permettront d'élaborer l'édition finale qui tiendra compte de tous vos apports. Je peux être joint à l'adresse email ci-après : jeanclaudekayumba@hotmail.com. La suggestion est celle d'avoir dans le futur le même titre sous 2 aspects : un projet adopté au commun de la population et un autre un peu plus élaboré académiquement et scientifiquement, beaucoup plus pour les éducateurs des masses.

Finalement, relevons que les discussions dans ce livre sont basées autour des problèmes de société complexes qui quelquefois ne trouvent pas unanimité dans la conceptualisation et la méthodologie de leur solvabilité. Nous en sommes pleinement conscients et ne prétendons nullement être en possession du monopole de la connaissance et de solutions à apporter. Ce livre devrait ainsi constituer un point de départ pour stimuler des discussions et réflexions constructives autour du délicat problème qu'est celui du changement des mentalités, partant de là, nous amenant à conséquemment revisiter notre train de vie quotidien en essayant de l'améliorer dans la mesure du possible. S'il vous plaît, veuillez donc vous sentir libres d'engager des discussions et critiques créatives sur les thèmes/concepts élaborés dans cet ouvrage.

Le Vôtre,
JC

CHAPITRE 1

Introduction générale

Scénario A

Dans un grand avion de ligne occupé par une centaine des personnes de toutes races et toutes origines, une dame d'origine africaine se met soudainement à manger du 'Fufu', du poisson salé et autres aliments purement africains. Elle les a fièrement bien étalés sur sa petite tablette d'avion et les déguste avec un appétit hors du commun. Un des usagers de l'avion, lui aussi Africain d'origine, prend rapidement et secrètement des photos de la dame en train de manger. Il les publiera plus tard sur les réseaux sociaux avec la mention « changeons des mentalités ».

Scénario B

Un matin alors que j'étais profondément endormi, j'entends soudainement des cris venant de la partie arrière de la maison où se trouvait la toilette extérieure. Nous sommes à Kinshasa. Je sors en courant et trouve mon père muni d'un gros morceau de bois, frappant de toutes ses forces sur ce que je ne pouvais pas voir, qui était blotti au fond de la petite toilette. Le sang sautait de toutes parts et éclaboussait mes frères et sœurs qui étaient autour. J'entendais des cris désespérés comme celui d'un petit animal. Je m'approchai alors et remarquai, bloqué dans un coin, sans autre issue pour s'enfuir, un chat noir qui saignait de toutes parts et qui criait à chaque fois que papa lui assenait des coups violents. Papa criait en le frappant, « sorcier, je vais t'achever aujourd'hui ; c'est celui ou celle qui t'a envoyé qui va mourir ; tu ne m'auras pas, ni ma famille ». Après avoir frappé de toutes ses forces pendant plusieurs minutes le pauvre chat s'écroula finalement, sans force et sans vie…

Scénario C

Il y a quelques années, je suis allé assister à un mariage à Bruxelles en Belgique. Les futurs mariés et leurs familles (communautés) étaient d'origine RD Congolaise. Ils avaient depuis acquis la nationalité belge. Sur les invitations de mariage, il était écrit que la cérémonie devrait commencer à 14 h. Le samedi du mariage, je suis arrivé dans la salle de la cérémonie à 13 h 20. J'ai trouvé en arrivant sur place des dames qui étaient encore en train de décorer la salle en chantant joyeusement. À 13 h 55 je vis 3 personnes de race blanche entrer dans la salle et prendre place d'elles-mêmes. Vers 14 h 20 la décoration fut finalement achevée. J'entendis les dames qui partirent de la salle en criant qu'elles allaient maintenant se préparer pour le mariage. Je me demandai alors quand nous allions démarrer parce qu'il n'y avait que moi, les 3 'Blancs', 2 enfants et 2 autres adultes dans la salle. Vers

14 h 40, je vis un ou deux individus entrer. Ils se dirigèrent vers l'estrade et commencèrent à tester les micros. Ils disaient quelque chose comme 'sonorité, son, une, deux', ainsi de suite. Ils le firent pendant au moins une trentaine de minutes durant lesquelles je vis aussi quelques autres membres de l'orchestre arriver, chacun testant son matériel de musique. Vers 15 h 20 entra un Monsieur qui alla prendre le micro, après avoir fait un tour de la salle. Il demanda simplement à tout le monde de se lever pour commencer le service. Pas d'excuses présentées à l'audience par rapport au retard accusé. Bref, c'était vers 17 h 30 que les 2 personnes qui devaient se marier entrèrent finalement dans la salle l'une après l'autre, après d'interminables scènes de danses, précédées par des jeunes filles exhibant certains pas de danse. Les 2 mariés prirent finalement place vers 17 h 55. Enfin, on invita le pasteur qui devait apporter le sermon. Il commença par ces mots : « le Diable a essayé de combattre ce mariage, mais il a échoué ; en plus, c'est toujours comme ça avec notre 'temps Africain', on n'y peut rien… »

Scénario D

Il y a quelques années, je faisais partie de l'équipe conduisant une jeune église locale basée en Angleterre. L'église était essentiellement composée de personnes d'origine congolaise (RDC). Mais il y avait aussi quelques membres originaires du Burundi, du Cameroun, de la Côte-d'Ivoire, du Nigeria, du Rwanda, de l'Angola et de l'Angleterre. Parmi tous les autres membres, il y avait cette sœur anglaise d'origine, une 'pure' native du pays. Elle était très 'visible et active' dans l'église et était aimée par tous les membres, tellement elle était engagée et dévouée. Un bon matin, elle m'appela pour m'informer que son papa venait de mourir. Elle semblait très abattue. Après avoir raccroché, j'envoyais la nouvelle à toute l'église par des messages textuels (textos), comme cela était dans mes habitudes, un minimum pour manifester de l'amour à tout membre qui se trouvait dans pareille situation. Tout le monde était triste. Tous décidèrent alors d'aller passer nuit avec elle chez elle pour la consoler. Nous faisions de même pour tout autre membre de la congrégation. Elle habitait seule. La nuit étant venue, nous nous rendîmes tous chez elle. Elle ouvrit la porte, totalement surprise de nous voir avec nos 'colis'. Elle nous demanda alors ce que l'on était venu faire. On expliqua qu'on voulait passer nuit avec elle à la suite de la perte de son papa, pour la fortifier. Elle savait que nous le faisions toujours, car ayant elle-même aussi prit part à certaines 'veillées' lorsque le deuil avait frappé d'autres membres de la communauté. Elle répondit qu'elle ne voulait personne chez elle, car elle voulait plutôt rester seule et pleurer son papa. Tout le monde devait alors rentrer chez soi. L'on se regardait alors tous, stupéfaits, abasourdis. Imaginez les réactions, les critiques, etc.".

Scénario E

Je venais à peine d'obtenir une place à l'Université Métropolitaine de Manchester (MMU). Quelques mois après avoir débuté mon programme, ma tutrice personnelle m'invita un jour pour une réunion en tête à tête. En cette occasion, j'ai apporté avec moi un livre que j'avais emprunté à la bibliothèque de l'université et que j'étais en train de lire. Dès qu'elle le vit, elle fut intéressée. Elle prit le livre de ma main et ayant ouvert elle tomba naturellement, directement et logiquement sur une page qui était pliée au haut de la page. J'avais l'habitude de plier le haut de la page ou je m'arrêtais en lisant, pour donc essayer de me retrouver quand je reprendrai la lecture plus tard. Sur la même page aussi, quelques lignes étaient soulignées en rouge. Tout d'un coup, elle changea d'humeur. Elle était visiblement mécontente pour ne pas dire fâchée. Elle me posa la question de savoir qui avait plié la page. J'ai joyeusement répondu que c'était moi, m'attendant à recevoir des éloges comme étant un bon lecteur et un bon élève. Et elle me posera ensuite la question de savoir qui avait souligné à l'intérieur. Cela n'était pas fait par moi, mais probablement par l'usager précédent. À ma grande surprise, elle me demanda de ne plus jamais le faire. Je ne comprenais pas. Faire quoi ? Elle expliqua, plier la page d'un livre. Pourquoi ? Elle me dira qu'il faut respecter les livres. Là j'ai failli tomber de ma chaise. Respecter un livre ! Mon Dieu ! Un livre qui ne parle, ne respire, ne vit et ne sent aucun mal quand on en plie ou même déchire une page ! Je me suis honnêtement dit à l'époque qu'elle avait peut-être un problème psychique ou autre, et pourtant elle m'avait toujours semblé être intelligente…

Scénario F

En 2016, je me rendis à Luanda (Angola) pour la toute première fois. Alors que je me déplaçais d'un endroit à un autre dans un quartier populaire de Luanda (Palanca), je vis tout à coup une dame grande de taille s'agenouiller près d'un caniveau. Il était presque 14 h. L'endroit pullulait de monde. La dame souleva ses pagnes en étant accroupie dans le caniveau et se mit à uriner. J'ai failli crier. Je n'en revenais pas. Surtout que je venais tout droit de l'Angleterre ou je vivais depuis plusieurs années et ne voyais jamais rien de similaire. Affolé, je regardais tout le monde autour de moi. J'ai remarqué alors que personne ne faisait attention à elle, surtout pas à moi. Tout le monde continuait bonnement son chemin. J'étais totalement perdu…

Les six scénarios ci-dessus nous permettent déjà de commencer à positionner un peu ce débat sur le concept de 'mentalité', plus loin, sur la notion du 'changement des mentalités' et, finalement, sur l'idée de 'la puissance du changement des mentalités'. Comme d'aucuns pourraient effectivement convenir après la lecture des récits ci-dessus, il semble que chez le commun des mortels, 'milles têtes = milles mentalités différentes'. Est-ce lié à un problème de culture, d'âge, de positionnement géographique sur le globe terrestre, d'ignorance, de méchanceté, de race, de complexe, d'éducation, de mauvaise volonté ou d'ADN (ADN signifie acide désoxyribonucléique et constitue la molécule support de l'information génétique héréditaire, selon le CAMBRIDGE DICTIONARY, 2020) ? Ne pensant pas forcément épuiser totalement l'examen de ce problème sociétal épineux et très compliqué, nous voulons néanmoins à travers cet ouvrage, modestement apporter notre pierre de contribution à ce grand débat. Disons déjà en guise d'introduction que la mentalité affecte tout ce que l'on fait dans le reste de sa vie. La mentalité détermine le niveau de succès et/ou d'échec dans nos vies. Tout peut effectivement changer lorsque nous décidons de changer nos mentalités. En effet, comme Anthony de Mello (1222) disait si bien, « rien n'a changé sauf mon attitude. C'est pour cela que tout a changé ».

Notons ensuite que divers paramètres peuvent avoir une influence sur notre mentalité. Indéniablement, bien que chacun possède un ADN lié quelque part à ses concepteurs de près ou de loin, personne ne naît avec une mentalité spécifique, mais la mentalité de tout un chacun est construite progressivement par la société dans laquelle on met les pieds. Comme nous allons le voir, notre mentalité peut être construite de façon à nous rendre faibles et vulnérables dans notre destinée, d'un côté. Dans l'autre manche, elle peut être construite de façon à nous rendre forts et imperméables aux aléas et attaques de la vie. Elle pourrait ainsi contribuer progressivement à l'émergence d'une meilleure société bâtie sur la justice sociale. Après avoir examiné quelques perspectives sur la compréhension de la mentalité et de son changement dans la toute première partie, je me lance ensuite dans un examen passionné de plusieurs points pragmatiques relatifs au développement d'une mentalité susceptible de faciliter une croissance personnelle et communautaire durable et positive, dans les chapitres qui suivent. Quelques recommandations très importantes sont faites dans la dernière section du livre.

CHAPITRE 2

Littérature existante et différentes perspectives normatives

Il scrait rationnel d'essayer de comprendre d'abord c'est qu'est 'la mentalité' avant de pouvoir aborder le sujet relatif à son changement. Une longue recherche relative à la littérature déjà existante sur le sujet m'a amené à la conclusion selon laquelle, bien que certaines personnes parlent régulièrement de vouloir voir un changement des mentalités pour que les choses changent, le nombre d'ouvrages (scientifiques/académiques ou séculaires/généraux/à caractère religieux) sur le sujet est d'un nombre presque insignifiant, relativement à l'importance du sujet, à sa capacité et sa force de frappe incalculable. Un nombre réduit de chercheurs ont essayé d'exploiter ce thème difficile de (changement des) mentalités dans le passé. Comme la plupart des concepts académiques, il est parfois difficile de trouver une définition commune mettant tout le monde d'accord. Le mot correspondant en Anglais semble dans sa composition suggérer une meilleure définition et compréhension de ce qu'est la mentalité. En effet, la traduction anglaise parle du mot « Mindset » pour mentalité. Composantes du mot « Mindset » : 'Mind' et 'Set'. Mind = la pensée. Set = fixer. En d'autres mots, Mindset : 'la façon dont la pensée est fixée'. En allant plus loin, l'on peut dire, la façon dont une pensée est programmée, orientée, dirigée, établie, prédisposée, arrangée, positionnée, organisée, conçue, etc. Cato (2011 : 1) définit la mentalité comme étant « une philosophie adoptée ». Dweck (2006 : 8) en revanche suggère l'idée selon laquelle « la mentalité est d'abord une forte croyance personnelle en quelque chose ».

Avec une définition un peu plus extensive du concept, Garred (2013 : 25) défend l'hypothèse de la mentalité comme étant plus « les perceptions, valeurs, croyances et attitudes influençant les comportements d'un individu vis-à-vis des autres dans la société ». Navigant plus dans le courant du domaine mental ou encore médical, Callanan (2011 : 1) lui se réfère à la mentalité comme étant « un bon état de santé mentale ». Restant toujours un peu dans le domaine médical, ayant conduit des recherches spécifiques dans le domaine de la relation entre les soins de santé prodigués aux patients et leurs mentalités, Crum et autres (2017 : 1) sont parvenus à conclure que « les patients ayant pris part au projet sont influencés par leur niveau de confiance dans leur médecin traitant et comment ils les écoutent, s'engagent avec eux et les informe ; Le contexte et l'environnement tels que la marque du produit, le prix ou encore les performances d'hôpital ou la réputation du docteur ont tous une influence sur la guérison ou pas du patient ». Il n'est ainsi pas étonnant comme beaucoup auront probablement remarqué que plusieurs personnes malades se sentent déjà guéries à la simple vue du médicament prescrit par leur médecin,

« quel qu'en soit le contenu ». La solution à la guérison ne semble pas être dans le contenant du produit pharmaceutique, mais plutôt dans le délit positif qui s'opère dans le subconscient du malade, provoquant ainsi une 'confiance aveugle' en la capacité 'illimitée dirait-on, et du médecin traitant et du produit prescrit, de mettre fin à tout ce qui les dérange. Les personnes qui ont des croyances religieuses semblent expérimenter la même chose. En effet, dès que l'on croit à une servante/un serviteur de Dieu, avant même de recevoir sa prière, la psycho intérieure procède déjà à une sorte d'auto-guérison qui est ensuite facilement avalisée par la prière qui suivra. Vrai ou faux ? Poussons encore le raisonnement plus loin. Dweck (2008 : 6), encore elle, argumente que « la conception que vous adoptez de votre propre personne affecte profondément la façon dont vous conduisez votre vie ». Elle élabore ainsi cette puissante théorie qui est devenue très populaire : « mentalité figée » et « mentalité progressive ». En peu de mots, disons que Dweck définit la mentalité figée ou fixée comme étant le fait de croire que vos qualités sont comme gravées dans un roc et que vous avez un certain niveau d'intelligence (quotient intellectuel), une certaine personnalité et un certain caractère moral, qui ne peuvent changer ». Notons que le CNRTL (2019) définit le verbe 'figer' comme étant « ce qui est frappé d'inertie, incapable de bouger et/ou de s'exprimer ». Combien de fois avons-nous effectivement appris ou entendu des gens réclamer haut et fort que « c'est comme ça que moi je suis fait ». Pourtant, les étudiants, lecteurs et croyants de la Bible remarqueront par exemple que certaines personnes qualifiées hier de « vauriens » tels que Jephté (Juges 11) se retrouveront demain comme étant les leaders de toute une communauté, de tout un pays. La deuxième approche est celle de la mentalité progressive qui elle est définie par Dweck comme étant le fait de croire que vos qualités de base sont des choses que vous pouvez cultiver à travers vos efforts.

Bien que les personnes soient différentes les unes des autres d'une façon ou d'une autre dans leurs talents initiaux et dans leurs aptitudes ou tempéraments, chacun peut changer et grandir à travers une forte pratique et expérience » (*Idem*).

Notre compréhension du concept 'changement des mentalités' dans ce livre sera donc beaucoup plus à positionner dans le contexte de 'la mentalité progressive'. En effet, lorsque je parle de 'changement des mentalités', je n'ai pas préalablement à l'esprit de voir par exemple une personne qui avait l'habitude d'écrire sur des biens publics pour les endommager, arrêter de le faire. Je souscris au fait que le mot 'changement' suggère le passage d'un état à un autre. Mais, un passage complet et non pas un simple 'déplacement'. Le changement des mentalités dont je parle ici, comme je vais le développer dans les lignes et chapitres qui suivent, va bien au-delà de cette approche rudimentaire et élémentaire des choses. Au-delà des quelques actes isolés comme arrêter de jeter des ordures sur la place publique, je défends l'idée selon laquelle le changement des mentalités est plutôt et doit être 'au finish', l'acquisition de toute une philosophie nouvelle, une idéologie qui en fait amène la personne à être constamment prête à réapprendre, faisant tomber toute limitation érigée en soi par la construction sociale spécifique de sa mentalité. Ce long processus commence avec une forte prise de conscience, qui se développe ensuite dans des habitudes profondes et s'achève idéalement dans une pratique non-stop au quotidien des valeurs positives. Cette exécution sera ainsi ancrée dans la forte conviction que tout humain peut réapprendre ce qu'il avait appris au départ, aussi longtemps que l'on se rassure que nos nouvelles connaissances bénéficient premièrement et largement à tous ceux qui nous entourent et qu'elles ne leur causent pas du tort.

CHAPITRE 3

La construction sociale de nos mentalités

Il y a plusieurs années, je suis venu m'installer en Angleterre. J'habitais la ville de Londres à l'époque. Tout de suite après mon arrivée, j'avais des ennuis de résidence par suite des circonstances rocambolesques qui m'avaient amené à venir m'installer dans ce pays. Un jour alors que je me promenais dans le centre-ville de la ville de Londres, je vis une personne habillée avec un chapeau, muni d'un appareil de communication, des bottes, une grande ceinture style militaire, etc. Dès que je l'aperçus, je me mis à courir de toutes mes forces, craignant qu'il mette la main sur moi et me jette dans le prochain avion pour mon pays d'origine en Afrique, après m'avoir rançonné financièrement comme les policiers/militaires le faisaient toujours dans mon pays d'origine en Afrique. J'étais terrorisé et je courrai de toutes mes forces. Quelques semaines après cela, étant un jour en compagnie d'un compatriote africain qui lui, avait déjà séjourné à Londres depuis presque 20 ans, je lui montrai alors qu'on était ensemble le 'militaire' qui avait failli m'arrêter. Je m'apprêtai encore à m'éclipser comme d'habitude, chaque fois que j'en voyais un. Mon ami se mit alors à rire aux éclats. Il m'expliqua que ceux-ci n'étaient pas des militaires comme je les appelais, mais plutôt de contrôleurs de tickets de parking dans la ville de Londres. Ils n'étaient pas militaires ou policiers même s'ils s'habillaient un peu comme eux. Je n'en revenais pas. Mais je n'étais pas toujours très convaincu, n'arrivant pas à sortir cela de ma tête…

Cette histoire peut paraître certes amusante. Mais il faut replacer les choses dans leur contexte, et mettre le tout en perspective. En fait, j'ai grandi dans mon pays d'origine en Afrique, la République Démocratique du Congo, sous un régime dictatorial. Durant mon temps, la simple vue d'un policier/militaire/gendarme, surtout la nuit, signifiait prendre la fuite, sinon l'on pouvait s'attendre à tout… Ceci pourrait donc expliquer ma réaction. Nul ne naît avec une mentalité donnée. En venant au monde, la mentalité de toute personne est comme à l'état Zéro, malgré les 'séquelles' d'ADN découlant de nos parents biologiques. Elle commence à se construire dès que l'on naît. Certains diraient même, à partir du moment où dans le ventre on est déjà en mesure d'entendre. Les mamans et papas avancés dans la compréhension des choses commencent déjà à parler à leurs enfants dès le ventre, façonnant leurs mentalités. C'est la société qui généralement construit nos mentalités. En effet, mon opinion est que l'enfant en naissant est tout à fait 'vierge de mentalité', 'vierge de pensée'. Des cas d'exception rares et difficiles peuvent être ceux des origines liées à des sources ésotériques et spiritualistes que je ne vais pas développer dans cet ouvrage, car étant trop complexes et trop subjectives, difficilement démontrables avec évidences solides et irréfutables.

Considérons donc qu'au départ toute personne qui naît est comme un chèque blanc. Tristement, le problème c'est que l'enfant lui-même ne commence pas à écrire les montants désirés sur ce chèque blanc, mais ce sont justement les personnes autour de lui qui commencent à écrire sur son chèque blanc. Ils continueront à le faire jusqu'à ce que l'enfant atteigne l'âge (16 – 18 ans ?) de pouvoir commencer à gérer lui-même son chèque, qui malheureusement n'est plus un chèque blanc à cette période-là. Il s'agira donc pour certains de continuer à écrire sur le même chèque déjà rempli de toutes sortes de signatures. D'autres se contenteront de prendre possession du chèque en demandant à ceux qui y avaient écrit depuis leur naissance de continuer simplement à y écrire les montants qu'ils désirent. En revanche, une autre partie aura cependant le courage de carrément déchirer le chèque, gardant uniquement ce qu'ils auront trouvé utile et pour donc recommencer une nouvelle histoire. Le point culminant ici c'est que la mentalité de l'enfant se développera selon 'le dépôt' que la société qui l'accueille investit en lui.

La famille, socle de toute mentalité

En parlant de société, disons que le premier point de contact direct sera naturellement la famille dans laquelle l'enfant naît et grandit. Il est logique de remarquer que la mentalité de la quasi-majorité de tous est construite sur les fondations que leurs familles ont posées dans leurs vies. Ainsi, nous avons généralement entendu des gens traiter les autres se comportant mal, de 'mal éduqués'. Lors d'un long entretien un jour avec un Monsieur agressif et violent qui frappait son épouse régulièrement, il me dira « mon père ne blaguait pas avec ma mère ; il la tabassait copieusement ». Bien que j'aie eu très mal à la suite de cette déclaration irresponsable et cette justification immature, je comprenais les origines cachées de son vrai problème. Cet exemple et plusieurs autres illustrations semblables semblent appuyer la thèse selon laquelle nos mentalités sont généralement construites socialement, commençant par le genre de familles dans lesquelles nous avons grandi. La plupart de nous avons donc une mentalité bâtie et enracinée dans l'état d'esprit de la famille dans laquelle nous sommes nés et dans laquelle nous avons grandi.

L'éducation scolaire, académique, intellectuelle

Après la famille, la suite logique c'est que dans les conditions normales, l'enfant embrasse alors un autre domaine qui est celui de l'éducation scolaire. Ici sa mentalité commence aussi à être forgée d'une certaine façon. Relevons brièvement à ce niveau que tristement, pour certaines raisons parfois indépendantes de la bonne volonté de l'un ou de l'autre, certains n'ont malheureusement pas eu accès à des bonnes écoles d'éducation intellectuelle dans leurs vies. D'autres mêmes n'ont simplement pas eu le privilège d'être sur le banc de l'école, à la suite de certains aléas difficiles de la vie. Leur mentalité a donc eu à souffrir du manque de certaines briques éducationnelles et intellectuelles dans leur construction psychique. Malheureusement, la différence se fait voir dans le quotidien. Me transposant dans le terrain religieux (chrétien), Il faut remarquer la différence entre le standard des écrits de l'Apôtre Paul et celui de l'apôtre Pierre par exemple, malgré tout le grand respect que je dois personnellement à ce grand serviteur de Dieu (Pierre). Combien de fois n'avons-nous pas malencontreusement entendu des 'grands' serviteurs de Dieu déclarer sans rire que 'seul avoir l'Esprit est important et que les études ne servaient à rien'. Bien que les études (théologiques) ne fassent pas d'une personne un ministre de Dieu, car l'appel doit précéder la formation, il faut cependant dire que la bonne formation peut amplifier fortement la capacité de communiquer et d'influencer du ministre de Dieu, l'amenant ainsi à une meilleure productivité. Ainsi, il est écrit dans le livre de 2 Pierre 1 : 5-9 : « à cause de cela même, faites tous vos efforts pour joindre à votre foi la vertu, à la vertu la science, à la science la tempérance, à la tempérance la patience, à la patience la piété. Car si ces choses sont en vous et y sont avec abondance, elles ne vous laisseront pas oisifs ni stériles pour la connaissance de notre Seigneur Jésus-Christ ».

En sortant de ce contexte ecclésiastique, disons que même dans la vie courante, il est généralement remarquable qu'une personne avec un certain bagage intellectuel a généralement (pas toujours) une philosophie et conceptualisation de la vie un peu plus élevée qu'une personne sans connaissances de base. J'aimerai alors insister ici pour dire qu'il n'est jamais trop tard pour s'éduquer. J'ai souvent encouragé mes amis, jeunes frères et sœurs en donnant mon propre exemple : j'ai obtenu toutes mes qualifications universitaires après l'âge de 40 ans. J'ai commencé mes études pour mon doctorat à l'âge de 48 ans. En un mot, comme disait Jean-Pierre Chevènement (1984), « le meilleur moyen d'apprendre à apprendre, c'est encore d'apprendre ».

La rue et les réseaux sociaux/les médias

Ayant grandi dans la famille, l'enfant se transpose maintenant sur le chemin de l'école, dès qu'il est en âge d'y aller. Il va donc désormais faire face à un monde extérieur diffèrent de celui de sa famille. Il va certainement y rencontrer des tendances, des convictions, des habitudes et une mentalité différente de celle de sa maison.

Dépendamment des familles, certains retrouveront déjà 'la mentalité de la rue' chez eux à la maison, les parents possédants eux-mêmes ce type de mentalité à domicile. Précisons brièvement que le concept 'mentalité de la rue' n'évoque jamais rien de positif, comme beaucoup en conviendraient. En effet, il fait généralement allusion à des valeurs négatives telles que : le vandalisme, la prostitution, la violence, la délinquance sous toutes ses formes, la drogue et les choses semblables, etc. De mon temps, je me rappellerai toujours mon papa en particulier, mais aussi de plusieurs autres parents, qui ne permettaient jamais à leurs enfants d'avoir des contacts avec 'la rue' ou plutôt avec 'les enfants du quartier'. Ils craignaient, disaient-ils, que leurs mauvaises habitudes n'influencent leurs enfants. Et pourtant, il y aujourd'hui une nouvelle forme de plateforme qui a simplement amené la rue et ses concepts directement dans la tête de nos enfants, tout droit dans leurs chambres : les réseaux sociaux. C'est la raison pour laquelle j'ai pensé grouper la rue et les réseaux sociaux dans la même rubrique. Les réseaux sociaux ont l'avantage ou plutôt la facilité d'avoir accès directement à la pensée de l'enfant à travers son portable, sa tablette, ses jeux (Nintendo, Xbox, etc.), etc. Les médias traditionnels tels que la télévision et la radio ont aussi le même avantage. Mais le développement terrible, sauvage et ultra rapide des réseaux sociaux est simplement inégalable, avec une multitude incroyable de plateformes. Smart Media (2019) nous révèle que plus ou moins 4 Milliards de personnes dans le monde sont connectées sur les réseaux sociaux.

Le tableau ci-dessous nous donne une idée sur l'utilisation des réseaux sociaux et leur influence :

	Période	**Réseau social**	**Nombre d'usagers**
1	2019	Facebook	2.23 Milliards
2	2019	YouTube	1.9 Milliard
3	2019	WhatsApp	1.5 Milliard
4	2019	Messenger	1.3 Milliard
5	2019	WeChat	1.06 Milliard
6	2019	Instagram	1 Milliard
7	2019	QQ	861 Millions
8	2019	Tumblr	642 Millions
9	2019	Qzone	632 Millions
10	2019	Tik Tok	500 Millions
11	2019	Sina Weibo	392 Millions
12	2019	Twitter	335 Millions
13	2019	Reddit	330 Millions
14	2019	Baidu Tieba	300 Millions
15	2019	LinkedIn	294 Millions
16	2019	Viber	260 Millions
17	2019	Snapchat	255 Millions
18	2019	Pinterest	250 Millions
19	2019	Line	203 Millions
20	2019	Telegram	200 Millions

Les chiffres ci-dessus sont un peu effrayants. À un certain niveau, ils démontrent l'influence de ces outils sur la construction de nos mentalités. Il y a en effet des milliards d'êtres humains qui sont constamment 'accrochés' aux réseaux sociaux du lundi au dimanche. Le problème est plus sérieux avec nos enfants et jeunes, car ceux-ci étant facilement manipulables. Il faut cependant reconnaître que l'internet en général et voire, les réseaux sociaux en particulier, jouent un rôle positif dans la vie courante des milliards des personnes sur la surface du globe. Comme un exemple pratique, pour pouvoir produire le tableau ci- dessus j'ai dû effectuer un travail de recherche et de comparaison des données différentes sur plusieurs sites à travers l'internet. Il y a presque 30 ans, faire une recherche académique comme celle-ci prendrait probablement 50 fois plus de temps que le temps pris aujourd'hui.

Cependant, de l'autre côté, la prolifération des réseaux sociaux a aussi tous ses risques et dangers. En effet, l'on va sur les réseaux sociaux 'à ses propres risques et périls'. « Sur les réseaux sociaux tout le monde est maître et personne n'est élève », j'ai souvent relevé et averti mon entourage. Sur les réseaux sociaux, l'injure facile et les 'fake-news' sont permises et difficiles à contrôler. La vérification de l'identification de ceux qui téléchargent toutes sortes de données et la traçabilité de ces données est constamment un sérieux problème. Sur les réseaux sociaux l'enfant qui sous d'autres époques avait très difficile à accéder à des matériels pornographiques par exemple, les a constamment à portée de ses doigts. Sans parler du reste : les pédophiles, l'endoctrinement des innocents dans des philosophies extrémistes violentes, la transmission des sciences et connaissances nocives relevant du mysticisme négatif et détruisant, et j'en passe. Malheureusement, il faut ainsi reconnaitre que les réseaux sociaux ont une place prépondérante dans la construction de la mentalité de plusieurs personnes de nos jours. Sans vouloir donner de injonctions quelconques, il serait recommandable aux parents de veiller sur ce que leurs enfants consultent sur les réseaux sociaux. Et aux parents eux-mêmes aussi par rapport à leur utilisation des RS, disons qu'il faut veiller à ce qu'il y ait un certain équilibre afin que quoi qu'utile, l'usage de ce réseau ne détruise votre vie ou l'harmonie de votre couple, de votre famille. Finalement, a tous, jeunes/enfants et parents, soyons sélectifs par rapport à ce que nous recevons dans nos pensées, quel que soit ce que les RS nous proposent. Tout ce qui se dit sur les RS ne doit pas forcément être considéré comme parole d'Évangile.

L'éducation religieuse

Durant l'année 2009, alors que j'étais en train de faire la deuxième année de ma License dans le secteur 'développement communautaire & jeunesse', on m'envoya en stage de 3 mois dans un centre communautaire d'une commune appelée 'Rochdale', une banlieue de la ville de Manchester en Angleterre. Le centre communautaire était situé dans un quartier occupé à 95 % par des personnes de religion musulmane. Le premier jour de mon immersion, mon superviseur m'amena visiter tous les lieux, me présentant à tous les membres du personnel. Je fus à un moment introduit à une jeune femme qui travaillait dans l'entreprise. Je lui tendis la main joyeusement et respectueusement. Elle regarda ma main et l'ignora simplement. Ma main resta tendue un moment. J'étais tellement embarrassé. Mon superviseur m'expliquera plus tard que je ne devais pas tendre la main aux femmes ici pour les saluer, car elles ne le faisaient pas suite à leurs convictions religieuses. Juste un exemple pour montrer comment la religion a de l'influence sur la façon de voir la vie et de s'y comporter. Il faut dire que les personnes originaires d'Afrique subsaharienne sont généralement très religieuses. En effet, beaucoup le sont depuis leur enfance, car étant naturellement nés pour la majorité dans des familles d'appartenance religieuse diverses (chrétienne, musulmane, bouddhiste, kimbanguiste, etc.). L'éducation religieuse de plusieurs a fortement contribué à façonner le genre des mentalités qu'elles possèdent aujourd'hui. Cela est donc conséquemment reflété dans leurs habitudes quotidiennes et dans leurs relations avec le reste de la société qu'elles côtoient chaque jour.

En concluant ce chapitre, disons succinctement qu'après être né 'innocent', divers facteurs de la vie viennent alors jouer un certain rôle dans la construction de notre mentalité. Cependant, à un certain niveau nous aurons alors la capacité, soit de continuer avec le statu quo, ou plutôt, décider de rebâtir l'édifice de nos mentalités, en conservant seulement les briques utiles et en ajoutant celles que nous jugerons être nécessaires pour notre développement intégral et ultérieur.

CHAPITRE 4

La culture, plaque tournante de toute mentalité

La construction sociale de nos mentalités nous amène à une certaine routine. Nous développons ainsi une certaine culture. Comme d'aucuns conviendraient, l'élément jouant un rôle central dans la mentalité est la culture. Qu'est-ce que la culture ? Pareillement à la mentalité, le mot culture peut être difficile à définir, car étant susceptible de prendre toutes sortes de formes, selon le contexte. Chaque peuple, chaque nation, voire chaque individu, a une culture différente des autres. En un mot, selon la majorité des dictionnaires, la compréhension normative de la culture est celle du 'mode de vie d'une personne'. Culture et mentalité sont quelquefois utilisées d'une façon interchangeable. Il y a certainement une forte corrélation entre les deux. Notons que la différence clé demeure dans le fait que la mentalité c'est plus au niveau de l'abstrait ou encore de la pensée, tandis que la culture c'est en fait la mentalité mise en pratique dans le vécu quotidien. Essayons donc maintenant d'examiner un à un quelques-uns de ces bagages culturels qui ont forgé la mentalité de la plupart des personnes. Il s'agit donc ici de certaines mauvaises habitudes acquises, mais qui ont donc été 'culturalisées', devenant des « normes de la société. » J'encourage personnellement à revisiter ces cultures, car j'estime qu'elles ne contribuent pas toujours à faire progresser notre société et la justice sociale. Notons que cette liste n'est pas exhaustive. La liste pourrait se prolonger jusqu'à l'infini. En outre, insistons similairement sur le fait que bien que les faits évoqués ci-dessous soient généralement vérifiables dans plusieurs cultures/traditions/pays, il faudra toutefois éviter de tomber dans un certain 'généralisme aveugle, fanatique et immature'. Je recommande plutôt de toujours examiner toutes choses au cas par cas.

Les vidéos et images 'SEXTAPE'

D'entrée de jeu, relevons que la réalité de 'SEXTAPE' dont le mot est d'ailleurs d'origine anglaise, n'est pas nouvelle sur le globe. En effet, nous nous rappellerons plusieurs cas de scandales dans ce contexte, dans le monde occidental. Cependant, la chose semble prendre une autre tournure dans les contextes des pays en voie de développement, comme les lignes qui suivent essayent de nous le démontrer.

Le dictionnaire anglophone CAMBRIDGE (2020) définit le '*sextape*' comme « un enregistrement vidéo d'une activité sexuelle, souvent destiné à être privé, mais mis à la disposition d'autres personnes, par exemple sur Internet ». Ajoutons qu'à part les vidéos, des images (photos) d'activités sexuelles privées exposées sur les différentes plateformes des réseaux sociaux peuvent être aussi classifiées comme 'sextape'.

De plus en plus sur les réseaux sociaux, particulièrement dans les diasporas africaines éparpillées dans le monde, l'on remarque la prolifération des vidéos ou d'images d'une grande personnalité (politique, religieuse, musicale, du monde de la comédie, sociale, etc.) surprise en plein ébats sexuels. Alors qu'une vidéo ou un autre article 'normal' avec un simple message ne retient généralement pas beaucoup l'attention des auditeurs/ internet – spectateurs, ce genre de vidéo contenant de la nudité atteint rapidement des centaines, des milliers de « VUEs » en quelques jours.

Deux questions majeures semblent se poser : a) l'origine et le but de ces vidéos et b) la moralité de ces vidéos. Essayant de répondre à la première question, nous voulons relever que l'origine de ces vidéos est difficilement vérifiable. En effet, avec le grand problème de vérification des identités réelles sur la toile des réseaux sociaux, l'on ne sait jamais qui a 'balancé' la vidéo/les images en question. Relativement au but cependant, même si ce n'est jamais clair, il y souvent à l'origine des telles vidéos les buts ou raisons causales suivantes : règlements de comptes, chantages, sabotages, erreurs de jugement, amusements, pornographies, fins contentieuses des relations amoureuses, compétitions politiques, besoin de nuire à l'autre en l'humiliant avec de telles vidéos, etc. Néanmoins, même si l'origine et le but pour lequel ce genre de matériels est déversé sur la place publique ne sont pas toujours clairs, les discussions sur le problème de moralité que ceux-ci posent doivent retenir notre attention. Si dans la majorité des sociétés occidentales la nudité n'est pas/plus un aussi grand tabou, disons honnêtement que dans les sociétés traditionnelles d'Afrique subsaharienne ancrées fortement sur des valeurs ancestrales différentes, la vue de la nudité est généralement un si grand outrage et une humiliation d'un niveau exaspérant. Disons donc que quelle que soit la raison, il est quand même inquiétant de voir que cette nouvelle culture de 'sextape' est en train de devenir « la norme » dans plusieurs milieux, spécifiquement les milieux RD congolais. Beaucoup admettront qu'elle est contraire aux bonnes mœurs d'origine africaine, quelles qu'en soient les causes. Pour ceux qui agissent malignement dans le cadre d'un règlement de compte, par exemple à l'égard d'une autorité publique à laquelle on reprocherait une mauvaise gouvernance, il s'agirait pour eux de la seule façon de 'corriger' une telle personne, dans un contexte africain où, quelquefois, la justice n'est pas du tout appliquée dans les contentieux ordinaires de la vie sociale et publique. Nonobstant, soulignons que le recours à de telles pratiques a eu dans le passé des conséquences néfastes (ex : suicide) dans la vie de ceux qui ont été 'exposés'. Une suggestion ici serait probablement de voir la personne concernée en privé et avoir des discussions matures et respectueuses sur le sujet qui pourrait pousser à projeter des telles vidéos/images sur le net. Dans les cas extrêmes, la recommandation serait même de recourir aux instances judiciaires compétentes (ex : dans le cas d'un différend). Notons encore que comme la définition du Dictionnaire de Cambridge le dit, ces relations sexuelles sont au départ censées être 'privées'. Il y a donc un problème de droits humains (respect de la vie privée de tout citoyen) qui s'invite dans ce débat, bien que les avis puissent logiquement être divergents sur un problème de société si complexe.

La mauvaise gouvernance & le non-respect de la loi

Le ***sous-développement de l'Afrique*** serait-il lié au fait que les ***Africaines*** font trop d'enfants comme le pense le ***président français Emmanuel Macron*** ? "Certainement pas" assurent plusieurs experts africains interrogés par Anadolu, qui pointent davantage "le manque de bonne gouvernance" sur le continent (TRT, 2020).

Drôlement et contre toutes règles de bonne conscience, il est de notoriété de voir dans les pays en voie de développement qu'une personne venue par exemple d'outre-mer et qui voudrait 'replacer les choses à leurs places' dans une société habituée à la mauvaise gérance, se voit rejetée par tous. Il semblerait qu'il serait normal de mal-gérer les choses, car c'est ainsi qu'on vit dans ces milieux. Là où le bât blesse, c'est que ceci est généralement fait en ignorance totale de ceux qui en souffrent. Il est souvent remarqué que les premières personnes à se moquer complètement de la loi sont ces mêmes personnes censées les défendre. Ceci est devenu normal dans la plupart des pays en développement. Notons rapidement que la mauvaise gouvernance et le non-respect de la loi sont aussi des réalités du monde occidental. En revanche, la 'visibilité' de ces antivaleurs dans les sociétés d'Afrique subsaharienne, par exemple, suscite la réprobation, voire la colère de toute personne dotée du sens éthique de la vie bonne dans des institutions justes.

La destruction méchante et ignorante de la nature

Les réalités écologiques et celles liées au changement du climat sur le globe sont certainement au bas de l'échelle quand il en vient aux priorités de la vie des personnes dans les pays en développement. Déjà même dans les sociétés occidentales, la lutte est encore difficile pour convaincre certains. Au mois de novembre 2019, beaucoup de défenseurs du changement climatique ont appris avec choc « la signification officielle du retrait des États-Unis du Traité de Paris sur le changement climatique. Pour cause, les États-Unis ont parlé des conséquences économiques de leur participation à cet accord » (NEW YORK TIMES, 2019). Si le bois vert (l'Occident) a des difficultés jusqu'à présent avec les réalités écologiques et leurs exigences, à combien plus fortes raisons le bois sec (les régions d'Afrique Sub-sahariennes notamment) en souffrira davantage ? Il n'est donc pas trop surprenant de voir par exemple que couper des dizaines d'arbres dans certains de ces pays/villes/villages ne représente pratiquement aucun souci pour ceux qui commettent de tels actes. La lutte contre le changement climatique dont je suis un fervent défenseur exige de tous certains efforts. Elle exige l'adoption pratique et quotidienne de nouvelles attitudes et habitudes. Mais comment donc demander par exemple à une personne qui peine à trouver un morceau de pain de s'acheter un panneau solaire qui pourrait lui couter une fortune ? Cependant, il est important d'insister sur le fait que, quelles que soient les circonstances, chacun peut essayer dans la mesure du possible d'adopter des nouvelles attitudes qui peuvent protéger mieux notre la planète et la laisser donc en bon état pour les futures générations. Ceci est question de bonne volonté, mais aussi d'un grand travail d'éducation comme nous le relèverons dans le dernier chapitre (Conclusions et recommandations).

Le tapage nocturne

C'est souvent pendant la nuit que la plupart de personnes aiment 'célébrer', ne se souciant pas du tout du besoin de quiétude des autres autour de soi. Dans plusieurs pays en développement, la majorité 'd'églises de réveil' tient parfois des activités tout au long de la nuit. Une 'église de réveil' en train de jouer de la musique à partir des puissants baffles placés sur ses murs pendant toute la nuit, dans un quartier résidentiel populaire, pourra traiter tous ceux qui se plaignent du bruit 'des agents du diable' ou encore de 'sorciers'. Pourtant le même Dieu aime le repos et l'encourage. En effet, il a créé le 7e jour pour se reposer. Lorsque les disciples ont beaucoup travaillé, Christ les prendra à un moment à l'écart (au désert, dans un lieu calme) pour qu'ils aient un temps de repos (Marc 6 : 30-31 – Version Louis Second).

L'heure africaine

« Le retard est une culture en Afrique : plus on se fait attendre, plus on se sent important. Les premiers à donner ce mauvais exemple sont nos dirigeants africains, qui ont l'art du retard » (Soro, 2016). Le retard fait-il partie de notre « culture africaine ? »

Ceci est devenu embarrassant, particulièrement pour les personnes d'origine africaine vivant dans des environnements/milieux/pays ayant la notion de la ponctualité. Tous les milieux de la société expérimentent ce drôle de phénomène : les églises, les fêtes, les charités, les rendez-vous ordinaires, etc. Drôlement, comme j'ai observé, la majorité de ces personnes vivant dans les capitales occidentales, ne sont (presque) jamais en retard pour certaines circonstances précises : leur travail, un rendez-vous pour leur statut d'immigration, etc. Ceci suggère une pensée : *c'est donc faisable.* L'élément clé semble ici être la considération ou le respect que l'on accorde à la personne qui vous a invité ou qui vous a fixé rendez-vous. Ça demande un certain réajustement de pensée : notre ponctualité démontre que nous nous respectons nous-mêmes d'abord et qu'ensuite nous respectons la personne qui nous a invité. Un auteur inconnu a dit que « la ponctualité est la politesse des rois ».

Une réflexion en terminant cette section : « et si l'Heure africaine s'achetait une montre ? » (Aficakpo, 2017)

L'intolérance

Souvent on n'accepte pas d'attendre par exemple que l'autre entre dans le bus/le taxi avant soi. On est très intolérant vis-à-vis des autres, les obligeant à faire ce que nous voulons. Il n'est pas courant de rencontrer des personnes indulgentes vis-à-vis de ceux qui professent des opinions contraires à celles qu'elles détiennent. On en vient quelquefois à la division, la haine, la jalousie, les insultes et même la bagarre/violence physique avec ceux qui ont des opinions différentes des nôtres.

La 'grosseur/rondeur du corps'

Nous avons grandi en Afrique subsaharienne dans des contextes où une 'vraie femme' doit être 'grosse'. La femme c'est avant tout 'le corps', disait-on et dit-on encore de nos jours. Et en disant le corps, l'insinuation ici c'est un corps 'bien rond et gras'. Des femmes minces de corps ont été plusieurs fois assimilées à des femmes malades ou atteintes de maladies conduisant bientôt à la mort. La femme grosse est en revanche considérée comme étant en bonne santé ou même étant riche. Mais nous apprendrons plus tard qu'il y a beaucoup de dangers pour la santé quand une personne (de sexe féminin ou masculin) prend trop de poids, comme cela a été prouvé par plusieurs recherches scientifiques/médicales.

La paresse enveloppée du manteau de la prière

Comme succinctement relevé plus haut, les peuples africains sont généralement « très religieux. » Alors que je ne suis personnellement pas trop d'accord avec la déclaration selon laquelle 'la religion est l'opium du peuple', je dois cependant admettre que beaucoup de personnes pratiquant une religion donnée semblent malheureusement confondre les pédales de nos jours. En effet, le travail qui a été institué par Dieu Lui-même, ne peut être remplacé par la prière, mais la prière devrait plutôt venir en complément au travail de nos mains. Dans toutes choses il y a la part du Créateur, mais il y a aussi la part de l'homme.

Le manque de respect et de considération pour les personnes avec handicap physique, les personnes âgées, les albinos, les enfants nés avec malformation, etc.

« L'ONU estime que le nombre total des personnes handicapées en Afrique est d'environ 80 millions… Les personnes handicapées semblent également faire face à une société indifférente à leur sort. Quand celles-ci sollicitent l'aide du public pour lancer des projets d'emploi dans le maraîchage, la confection ou la musique, elles sont considérées comme gênantes. Le sentiment général est que leur place est dans la rue ou devant une église à mendier. La situation est pire dans les régions rurales où les enfants handicapés sont généralement confinés à la maison en raison d'anciennes croyances traditionnelles qui les considèrent comme une malédiction divine. » (Afrique Renouveau, 2010).

Il était et il est encore de notoriété publique que les personnes âgées (avec des cheveux blancs), les personnes avec handicap physique telle une bosse sur le dos, soient automatiquement et inexplicablement classifiées comme étant 'sorciers'. Les handicapés physiques et albinos sont tristement discriminés au milieu de plusieurs communautés des pays en développement. Ces personnes sont marginalisées et subissent toutes sortes d'abus aux mains de ceux qui les entourent, en partant même de leurs propres parents biologiques. Ainsi est-il souvent arrivé qu'un parent qui donne naissance à un enfant avec malformation décide simplement de 's'en débarrasser'. Les communautés dans des tels milieux ont simplement avalé ces croyances ineptes, et conséquemment, font vivre un tel calvaire cruel aux personnes avec handicap qu'il est difficile de décrire sans en avoir les larmes aux yeux.

La violence des hommes sur les femmes (violence conjugale masculine)

Même en Occident, il est encore remarqué aujourd'hui que beaucoup d'hommes sont violents à l'égard de leurs partenaires de sexe féminin. Un journal a rapporté par exemple qu'en Italie, du 1er janvier au 24 mai 2019, 51 femmes ont été tuées par leurs maris. Tout simplement horrible et inacceptable. Que dire alors des pays où le contrôle est difficile ? Pendant des siècles, il a été admis que l'homme frappe sur sa femme si celle-ci se méconduit, dans les sociétés occidentales (qui ont quand même réussi à mieux contenir ce problème) tout comme partout ailleurs au monde. J'ai vu en Afrique subsaharienne des hommes taper sur leurs femmes à la vue des passants qui criaient joyeusement et avec indifférence « elle n'écoute jamais, corrige-la très bien ». Nous suggérons aux hommes de pouvoir plutôt utiliser un dialogue constructif et respectueux à la place de la violence physique.

Les parents qui battent leurs enfants

Nous avons souvent été battus d'une façon inhumaine par nos parents, alors que nous grandissions à l'époque. Je revois quelquefois plusieurs scènes des parents déshabillant leurs enfants dans leurs parcelles en plein jour, versant ensuite de l'eau sur eux pour ainsi commencer à les frapper très violemment avec un fil électrique et métallique durant des longues minutes et quelquefois des longues heures. Ceci serait 'notre culture Africaine' ? La culture ne peut et ne doit pas être un alibi pour abuser les autres (nos enfants). La suggestion serait ici de recourir plutôt à un dialogue respectueux continuel avec les enfants, depuis même leur plus bas âge. Comme propositions de 'punition', suggérons de retirer temporairement par exemple ce à quoi ils sont accrochés, tels que leurs portables, les jeux Nintendo, les Xbox, les portables, les tablettes, etc. En définitive, valorisons et aimons nos enfants.

Un homme ne pleure jamais

Beaucoup d'hommes en souffrent et même en meurent. Dans la majorité des cultures, l'homme est généralement conçu comme étant le « BREAD WINNER ». C'est-à-dire celui doit pourvoir à toutes choses. Ainsi, il lui est quelquefois conféré ce rôle et ce titre d'homme 'invincible'. Beaucoup de personnes de sexe masculin en souffrent dans le silence. Beaucoup d'hommes ne pleureront jamais publiquement parce que ceci serait perçu comme étant une faiblesse. Bien qu'il soit devenu acceptable dans plusieurs communautés du globe que l'homme doit prendre les devants en matière de provisions familiales, il serait une bonne chose que la femme moderne qui aujourd'hui est encouragée à se lancer aussi, et dans les études (avancées), et dans le marché professionnel, puisse contribuer financièrement à l'avancement du foyer en évitant de tout laisser sur 'l'homme qui ne pleure jamais', de peur que celui-ci n'aille pleurer seul dans sa tombe. Il y a beaucoup de divorces, de divisions, voire de suicides dans les familles africaines en Occident, où des femmes peuvent facilement trouver du travail dans le domaine des soins de santé aux personnes âgées et accéder facilement aux logements sociaux à moindre coût subventionnés par les gouvernements, alors que les maris passent des années au chômage, devant la télévision et dans l'aide sociale. Face à cette inversion brutale des rapports de force, le taux de divorce est exponentiel dans les diasporas africaines en Occident, pouvant aller jusqu'aux suicides ou aux meurtres des partenaires.

L'inversion des valeurs (la corruption, les injures, la prostitution, etc.)

Ce point est développé au chapitre 9 de ce livre, 'la victoire sur les antivaleurs'. Notons néanmoins succinctement que ce qui devrait normalement être considéré comme des valeurs négatives (ex : corruption) est tristement devenu normes d'action des plusieurs communautés, avec comme raison causale au départ, les conditions socio-économiques difficiles et intenables auxquelles elles sont exposées. Cependant, gardons à l'esprit à ce propos « qu'on ne tient pas pour innocent le voleur qui dérobe Pour satisfaire son appétit, quand il a faim » (Proverbes 6 : 30 – Version Louis Second).

Les polémiques, les injures et la diffamation gratuite

Parmi ceux qui sont d'origine RD Congolaise particulièrement et vivant dans leur pays d'origine ou dans des pays étrangers, il s'est développé un nouveau phénomène appelé 'polémique'. Il s'agit ici en fait de mettre en confrontation, avec certaines exagérations, certaines personnes ou certaines histoires 'qui se racontent'. Malheureusement, ce phénomène est bien souvent accompagné des pratiques très basses et inclut très communément beaucoup d'affirmations gratuites et mensongères. De la diffamation à un niveau terrible et simplement inacceptable. Il suffit d'aller sur des plateformes des réseaux sociaux telles que YouTube pour y trouver par exemple un titre déjà 'grossier et mensonger', titre bien quelquefois mis en place expressément pour attirer l'attention. Drôlement, ce genre de vidéos attire un nombre très élevé de 'vues', comme mentionne un peu plus haut (Voir : 'sextape'). Le concepteur de la vidéo s'arrange alors avec certains sponsors pour insérer des spots publicitaires de leurs articles/compagnies toutes les 2 ou 3 minutes et avoir ainsi quelques payements en échange. Aussi, n'est-il pas surprenant d'avoir beaucoup de règlements de compte, des échanges d'insultes, de compétition méchante, etc. Ce qui est choquant c'est que même des personnes censées être responsables et modèles tels que des éminents serviteurs de Dieu sont devenus champions dans ce jeu de polémique ou l'on se tire dessus réciproquement, avec comme arbitre les tristes auditeurs/téléspectateurs/internautes qui ne savent plus à qui se vouer. La censure faisant souvent défaut dans la plupart de ces plateformes, on assiste donc à des scènes déplorables que personne ne sait stopper. Lugubrement, des familles, des églises, des couples, des organisations ont été méchamment divisés, affaiblis, salis, par suite de cette fameuse 'polémique' et diffamation, car généralement nos communautés ne font aucun effort pour vérifier la source de toute information.

La discrimination

Il faut honnêtement reconnaître que la « culture de l'inclusion » relative à la notion des droits humains internationaux n'est pas forte dans la plupart des pays en voie de développement. Il est à déplorer que beaucoup d'individus soient généralement marginalisés par suite de : leur âge, leurs convictions (politiques, religieuses, et autres), leurs genres, leurs tribus, leurs origines géographiques, leurs couleurs de la peau, leurs handicaps physiques, leurs orientations sexuelles, leur État civil, leur capacité de concevoir ou pas, etc. Comme injure, il est ainsi devenu normal d'appeler avec moquerie une personne par le nom de sa tribu. Les pathologies ethno-tribales constituent un facteur aggravant la ruine intellectuelle et le chaos politique dans les sociétés africaines contemporaines.

Les valeurs et croyances ancestrales

La tradition africaine amène beaucoup d'individus et de familles à pouvoir régulièrement célébrer des cultes des ancêtres. Le contexte socioculturel en Afrique sub-saharienne fait que même au 21e siècle, une grande partie des populations, en milieux urbains ou en milieux ruraux, vit encore avec des fortes croyances ancestrales qui quelquefois affectent négativement la société. Comme Honwana (1997 : 304) l'a si bien observé, "un grand nombre d'Africains croient que c'est par des moyens des puissances ancestrales que la personne peut retrouver sa paix intérieure ». D'un côté, il faut certainement encourager l'avancement de nos traditions et valeurs ancestrales africaines. De l'autre côté, il faut en revanche avoir le courage de tirer la sonnette d'alarme lorsque celles-ci vont dans le sens de devenir un frein au développement de l'homme en particulier et à celui de sa communauté en général.

Le complexe d'infériorité colonialiste

Ayant vécu pendant des innombrables années sous le joug du colonialisme, l'Africain qui ne s'en est sorti que vers les années 1960, en est apparemment resté un peu affecté jusqu'à nos jours. La combinaison explosive des pratiques coercitives du pouvoir colonial et la vie d'oppression sous des longues années des régimes dictatoriaux de la postcolonie ont probablement fait que l'Africain, qui en plus ignore ses droits le plus souvent, vit constamment dans un certain complexe d'infériorité, n'ayant pas le courage/la culture d'exprimer ses points de vue ouvertement. Ainsi, l'Africain copie aveuglément tout ce que les cultures occidentales lui présentent, les prenant comme 'parole d'Évangile', même si elles vont contre ses valeurs. Nous pensons plutôt que l'intégration de l'Africain dans une société occidentale est différente de son assimilation pure et simple aux valeurs et principes de la société d'accueil.

La sape

Spécifiquement en RD Congo, personne n'oubliera des musiciens leaders d'opinion tels que le défunt 'Papa Wemba' qui ont eu une très grande influence sur des générations entières, leur inculquant un peu cette 'idéologie' de la sape. Il n'est pas surprenant de voir des

RD Congolais accepter de rester affamés, aussi longtemps qu'ils sont bien sapés, habillés avec les noms des grands couturiers (Masatomo, Versace, etc.).

L'alcoolisme

Pour que le tableau soit plus ou moins complet, dans la majorité des cultures africaines l'on retrouve ces éléments communs : le sexe, 'l'ambiance' (danse) et l'alcool. Particulièrement, 'boire' à outrance est une des caractéristiques qui semblent quelquefois identifier la plupart d'individus. Il ne s'agit pas seulement d'une forte 'dépendance' aux boissons modernes occidentales, mais plutôt même aux boissons traditionnelles africaines fortement alcoolisées. Ceci est devenu un style de vie normal, une 'drôle' de culture…

La vantardise

Ayant déjà parcouru la section sur la culture du complexe d'infériorité colonialiste ci-dessus, d'aucuns pourraient penser que l'Africain ne s'exprime jamais. Cela n'est pas du tout vrai, car en fait, dès qu'il a reçu ou accompli quelque chose de positif, l'on aime bien exhiber cela publiquement. L'on aime ainsi s'acheter et se promener dans très grandes voitures, même si cela signifie laisser sa maison affamée. Ainsi, l'on place directement sur les réseaux sociaux (Facebook, Viber, Snapchat, IMMO, etc.), une photo des nouvelles chaussures, de la nouvelle veste, de la nouvelle voiture, de la nouvelle maison, etc., que l'on vient de s'acheter. J'ai constaté que c'est bizarrement maintenant à la mode de ne pas enlever l’étiquette de l’habit neuf ou des sachets de la nouvelle voiture. « Tout ça pourquoi ? », quelqu’un posait la question…

Les croyances religieuses

L’Africain est religieux de nature et aussi un peu superstitieux. Il n’est pas surprenant de voir parfois une personne se mettre à crier ‘au nom de Jésus’ dès qu’elle a vu une pauvre petite souris passer ou surtout un chat noir. Rappelons-nous de l’illustration de mon père (introduction - Scenario B), tuant un chat noir qu’il avait trouvé dans la toilette un matin. Récemment à Kinshasa en RD Congo (juin 2019), il a été inauguré un musée national avec toutes sortes d’objets d’art traditionnels ancestraux, certains datant de très longues années. Quelques ‘pasteurs’ ont commencé à mettre en garde leurs membres contre ‘les esprits des morts, les esprits des coutumes, etc.’, qui seraient dans ce musée. Ils recommandent donc de ne jamais y mettre les pieds de peur d’être sous l’emprise de Satan… Et pourtant ce bijou culturel et touristique pourrait aider le pays tant soit peu économiquement.

La culture de la corruption

Se référer à ‘la victoire sur l’inversion des valeurs’.

L’enrichissement illicite & rapide

Dans les pays en développement, il est commun de voir la plupart des personnes nommées à un certain poste s’acheter des nouvelles parcelles et commencer des voyages intempestifs, juste quelques semaines ou mois après avoir été investies. L'on se demande de fois comment l'on peut s'enrichir à un tel niveau seulement en une si courte période de travail ? Suivra ensuite le fait de fournir de l'emploi automatiquement à leurs membres de famille, qualifiés ou non, qui eux aussi vont s'enrichir en un temps éclair.

La sorcellerie et 'l'occultisme'

La sorcellerie, pour ceux qui y croient, semble être devenue la « norme » de la société dans plusieurs communautés africaines. 'L'occultisme' (dans sa conceptualisation normative : actions et pratiques secrètes, mystiques, sataniques, nocives et destructives) dans certains pays n'est plus un sujet tabou. Plusieurs personnes semblent y recourir pour pouvoir s'enrichir rapidement et réussir dans la vie. Et après ???

Conclusion

Chaque société, chaque personne a une culture, sa culture. La mentalité de la plupart des personnes est liée à leur Capital culturel de base, acquis depuis l'enfance. Battons-nous toujours pour que, quelle que soit notre culture, nous puissions nous rassurer que le commun des mortels autour de nous ne souffre pas à cause de celle-ci. Effectivement, notre culture ne peut et ne doit être une excuse pour abuser les autres ou alors pour freiner son développement personnel et celui de la société dans laquelle nous vivons.

CHAPITRE 5

Un bon Démarrage – une prise de conscience responsable et sérieuse

« Ne doutez jamais qu'un petit groupe d'individus conscients et engagés puisse changer le monde. »
Margaret Mead (1901-1978)

Tout changement commence effectivement à ce niveau, prendre conscience. Le plus douloureux est d'avoir une forte peine et des grandes douleurs pour une personne qui pourtant elle-même ne se soucie guère de son état ou plutôt se plaît dans ce que vous déplorez comme étant catastrophique. Le changement des mentalités commence ici : il faut d'abord faire un état des lieux honnête et impartial de sa situation. Il faudra donc essayer d'identifier ce qui ne semble pas être correct dans sa façon de voir les choses. La prise de conscience est donc un réveil. C'est une alarme retentissante qui, en quelque sorte, nous fait sortir d'un certain profond sommeil dans lequel on était plongé sans s'en rendre compte. Ceci peut être possible par une comparaison avec ceux qui semblent évoluer dans ce qu'ils font et qui semblent être armés d'une mentalité différente de la nôtre. Cette comparaison doit être faite avec un objectif d'émulation. Sans doute, il ne devrait pas y voir de honte à essayer d'émuler ceux qui ont obtenu des résultats positifs à la suite de l'application d'une certaine mentalité des vainqueurs dans leurs démarches quotidiennes. En définitive, comme Covey (1999 : 7) essaye de l'expliquer, « il s'agira d'être assez humble pour reconnaître sa part de responsabilité dans la cause de ses tracas et ensuite, être courageux pour prendre toutes les initiatives créatrices pour surmonter ou contourner ses difficultés ».

Prendre conscience de soi-même permet de s'améliorer grandement. Mais cela requiert de la bonne volonté personnelle, volonté de vouloir se découvrir soi-même. Ceci voudra dire regarder honnêtement et courageusement ce qui n'est pas correct en soi. Ici il faudra donc avoir le courage de pouvoir décider de réapprendre ce qu'on a toujours pensé être correct. C'est ici que se pose généralement le grand problème : cet entêtement à vouloir s'accrocher uniquement à ce que l'on nous a inculqué depuis notre enfance/jeunesse/famille/ville d'origine, refusant ainsi de s'ouvrir mentalement à d'autres courants de pensée. Lorsque l'on commence à penser que l'on possède seul le monopole de toute la connaissance, alors notre chute n'est plus loin. Il s'agira à ce niveau de se questionner intérieurement, creuser profondément en soi-même pour essayer de trouver des réponses. En des mots simples, il faudra être conscient de sa propre conscience. Ceci sera alors déjà un très bon départ. En des termes plus pragmatiques, il faudra être conscient de :

- Ses émotions
- Sa façon de parler aux autres
- Ses réactions publiques

- Sa façon de s'habiller
- Sa façon de se comporter publiquement
- Sa façon de se comporter en privé
- Sa façon de raisonner
- Etc.

Un examen attentif et impartial de sa vie amènera à une prise de conscience responsable. La prise de conscience va nous conduire à adopter désormais une attitude mature et responsable. Finalement, cette attitude responsable et mature va s'achever dans des actions concrètes positives. Comme suggestion, je conseille ici de ne pas hésiter, mais d'avoir de temps en temps le courage de demander à ceux autour de nous de nous donner leur avis sur notre façon de faire les choses. Il faudra être assez matures et être préparés mentalement pour recevoir des critiques (constructives) sévères de la part des autres. C'est un bon moyen pour justement améliorer demain. En conclusion, notons avec sérieux que « la véritable responsabilité sociale d'un chacun est de semer de la conscience » (Alejandro Jodorowsky).

CHAPITRE 6

La décolonisation du changement des mentalités : la victoire sur le complexe d'infériorité culturel

> « C'est cela, la colonisation idéologique : on colonise le peuple avec une idée, qui veut changer la mentalité ou la structure. On prend le besoin d'un pauvre comme opportunité d'entrer »
>
> (Pape François, 2015)

Le mot 'décolonisation' suggère à la pensée l'idée de se démarquer d'une certaine obligation contraignante, d'une certaine domination. En effet, coloniser en revanche contient l'idée de ce qui est imposé par force. Ma lecture de plusieurs ouvrages m'a fait remarquer 2 choses essentielles. Premièrement, j'ai noté que presque tous les ouvrages (académiques ou d'ordre général) sur le changement des mentalités sont écrits par des auteurs (fantastiques et bien qualifiés) établis pour la très grande majorité dans l'hémisphère Sud du globe, dans le monde occidental, européen et nord-américain. Deuxièmement, j'ai remarqué en parcourant la plupart de ces ouvrages que le concept 'changement des mentalités' semble être logiquement positionné dans le cadre des valeurs et convictions occidentales. La question rationnelle et logique découlant de ce constat était donc celle de savoir si le tout pouvait être appliqué dans toutes les parties du globe, notamment en Afrique.

Ceci me ramène au scénario A de notre introduction générale : Dans un grand avion de ligne occupé de personnes de toutes races et de toutes origines, une dame africaine se met à manger du Fufu, du poisson salé et autres aliments purement africains. Elle les a fièrement bien étalés sur sa petite tablette. Un des usagers de l'avion, lui aussi Africain d'origine, prend rapidement des photos en secret. Il les publiera plus tard sur les réseaux sociaux avec la mention « changeons des mentalités ». Est-ce réellement un problème de mentalité ou plutôt un problème de culture ? Est-ce un problème de changement des mentalités ou plutôt un problème de complexe d'infériorité ? Ma compréhension impartiale : si la nourriture que la dame est en train de consommer produit des odeurs désagréables dérangeant les autres usagers de l'appareil alors, sur cette base, en vue de ne pas déranger ses voisins, l'on devra donc s'abstenir de manger ce genre de nourriture dans un appareil contenant des centaines de personnes d'origines différentes. Ou alors si le transporteur a clairement indiqué au préalable dans les conditions des services offerts que consommer une telle nourriture dans son avion n'est pas permis. MAIS, si la nourriture ne dégage aucune odeur dérangeante pour les autres usagers, il s'agit bien plutôt d'un complexe d'infériorité que de se sentir mal à l'aise parce que c'est du poisson salé africain par exemple, au lieu des belles pâtes spaghetti occidentales. Crier sur une personne qui mange un plat africain dans un avion, lui réclamant de changer de mentalité est complètement passer à côté de ce que l'on appelle changement des mentalités. Le changement des mentalités ne devrait pas du tout s'aligner sur la culture occidentale comme cela a toujours été cru. Il s'agit bien plutôt en réalité d'un complexe d'infériorité de la part de ceux qui viennent d'une partie du globe. Un exemple pratique semblable est celui de l'habillement. Alors que j'étais sur le boulevard du 30 Juin à Kinshasa (RD Congo) un vendredi vers 13 h (2015), j'entends ceux communément appelés 'Shegués' en train de crier 'prostituée'. Je regarde dans leur direction et les vois suivre une jeune fille, criant sur elle. Ma première réaction comme défenseur des droits de l'homme et comme humaniste qui a un grand fardeau pour l'humanité, me battant toujours pour plus de justice sociale dans le monde, était celle d'être mécontent avec ces 'enfants de la rue' qui abusaient de la pauvre jeune fille. Et du côté de la rue où j'étais, j'avais à côté de moi quelques jeunes filles qui disaient « ces enfants doivent changer des mentalités ; ils doivent aller en Europe pour voir comment les autres s'habillent là-bas. Ça, ce sont vraiment des villageois ». J'observais et je réfléchissais… En fait la jeune fille sur qui les jeunes criaient était habillée d'une mini-jupe qui remontait très haut, sans 'collant' en dessous. Ayant traversé vers là où elle était pour attendre mon taxi et étant maintenant un plus près d'elle, je l'entendais parler sur son téléphone. Elle avait l'air d'être une de ces filles 'chics', probablement de famille aisée, avec un très bon français, un peu à l'Européenne. C'était apparemment une RD Congolaise d'origine qui habitait probablement dans un pays occidental et qui était visiblement en séjour à

Kinshasa. L'accent de son très bon Français la trahissait un peu. Mais alors son habillement était vraiment très dévoilant. Alors que l'attitude de ces jeunes est condamnable, de l'autre côté de la manche, il faut revenir sur nos valeurs africaines, typiquement dans le domaine de l'habillement. Nos mamans avaient l'habitude de bien se couvrir dans leur habillement, s'habillant avec une certaine pudeur et modestie.

Va-t-on exiger aux personnes de sexe féminin de commencer à s'habiller à 'l'occidental' sous le couvert de 'changement de mentalité' ? C'est ici qu'intervient le concept de la 'décolonisation du changement des mentalités' comme je le nomme. Il s'agira en fait de ne pas tout gober sous l'argumentation du 'changement des mentalités'. Comme relevé plus haut, accentuons encore qu'intégration est différent d'assimilation.

CHAPITRE 7

La puissance incalculable du changement de mentalité

« Votre vie prendra la direction que lui impriment vos pensées » (Joel Osteen, 2017)

Quand la mentalité change, les limitations tombent !

Le changement des mentalités a une puissance terrible et incalculable. Lorsque la mentalité change, les résultats commencent à pleuvoir de toutes parts, à notre surprise agréable. En fait, le tout est d'abord lié à notre façon de voir et de faire les choses. La réalité c'est que les limitations existent seulement dans la tête de la personne qui pense en soi qu'elle est limitée ! Il y a plusieurs années je passais des temps extrêmement difficiles dans la ville de Londres en Angleterre. Je faisais un travail de nettoyeur des toilettes publiques. Je dormais quelquefois à la belle étoile. Mon rêve était de devenir conducteur de bus comme ceux que je voyais, vêtu de cravate et veste. Avec mon manque de qualifications académiques combiné à mon manque de possibilité de faire des études postuniversitaires à cause de ma situation personnelle, je m'étais fixé comme objectif de commencer à apprendre à conduire les grands bus dès que ma situation d'immigration s'améliorerait. Mais alors un jour, j'en discutais avec un grand-frère qui me dira en un mot « pourquoi conducteur de bus ? Tu peux aller plus loin JC ; tu peux continuer tes études et un jour faire quelque chose de mieux que te limiter à être conducteur de bus ! Ne te limite jamais ! » Wow ! J'étais choqué. C'était comme s'il m'avait ouvert les yeux. Bien qu'il fût un grand-frère que je ne considérais pas beaucoup moi-même, car étant un peu dans un genre de vie 'des ambiances à l'africaine'. Drôlement, lui me voyait devenir grand demain. Quelquefois dans la vie, vous avez besoin d'une personne à vos côtés qui vous aide à pouvoir faire tomber vos limites personnelles. En le quittant ce jour-là, je réfléchissais et me disais 'c'est donc possible Jean-Claude'. C'est comme s'il m'avait ouvert les yeux. En fait, c'était comme si les bornes que j'avais déjà établies dans ma propre pensée sont tombées ce soir-là. Bien que ma situation de séjour en Angleterre ne changeât pas directement, car je suis resté encore quelques années dans les mêmes difficultés, mais j'avais maintenant une autre 'idéologie' et je voyais la vie différemment. J'attendais maintenant seulement d'avoir les moyens de concrétiser ma vision, la vision de ma nouvelle mentalité. Après quelques années, ma situation s'est alors améliorée. J'ai commencé par travailler très dur pour améliorer ma connaissance de la langue anglaise. Je me disais que la première barrière dans un pays étranger est la barrière linguistique. Après cela, j'ai pu donc postuler pour des études universitaires. C'était le départ. La puissance du changement des mentalités se cache à ce niveau. Le changement des mentalités nous « oint », nous conférant comme des nouvelles forces qui nous permettent de déborder les limites établies préalablement, soit personnellement, soit généralement. En d'autres mots, celui qui est puissant dans le mental se voit devenir puissant dans le physique, et le devient effectivement. La véritable puissance est d'abord celle de la pensée. Le reste suit après. Ainsi Jean-Jacques Avis (2013 : 11) donne l'exemple « des militants syndicalistes et politiques qui croient fermement en leur cause, et qui la propagent et la défendent avec zèle et enthousiasme, malgré les multiples oppositions, railleries et critiques ». Quand la mentalité change, effectivement, on ne semble plus voir les obstacles dressés devant soi. On est plus confiant. En examinant profondément les causes du retard du développement économique de l'Afrique subsaharienne, Badciss (2014) parvient à la conclusion selon laquelle « le changement des mentalités en Afrique est la condition sine qua non pour son développement économique ».

CHAPITRE 8

Qui doit changer : les gouvernés ou les gouvernants ?

> « Il apparaît clairement que les mentalités africaines, bien plus que le poids de l'histoire des commerces triangulaires humains et de la colonisation, sont les vrais responsables du grand retard que nos pays accusent dans leur processus de développement »
>
> (Badciss, 2014)

Dans ce chapitre, nous nous transposons dans le contexte particulier de l'Afrique subsaharienne, et pourquoi pas des pays en voie de développement. Le problème dans la majorité des pays situés dans cette partie du globe semble effectivement reposer sur le besoin d'un réel changement des mentalités. Il faut de fait dire que depuis des nombreuses années, une grande partie de ces pays a vécu dans une misère indescriptible qui a donc en conséquence fait naître une certaine mentalité. Certains de ces pays sont parvenus à émerger des temps obscurs de leurs histoires. D'autres sont sur la voie de le faire. Mais alors, les mentalités acquises des temps noirs sont toujours bien ancrées dans les pensées, et des gouvernants et des gouvernés. J'aimerai ici mettre l'accent sur 'la mentalité de la corruption'. Le débat tourne quelquefois autour de 'à qui incombe la faute' ? Est-ce la faute de ceux qui gouvernent ou plutôt de ceux qui sont gouvernés ? Dans un pays de l'Afrique centrale qui a récemment connu un changement de régime à la suite d'élections présidentielles, s'est posé un certain dilemme. Le nouveau président et son nouveau régime ont voulu imprégner une nouvelle dynamique avec une nouvelle mentalité. Ils ont eu comme mot d'ordre : l'État des droits. Ce faisant, le nouveau régime a bloqué les choses en termes 'd'opportunités des corruptions, des coopérations et des magouilles'. Les opportunités des corruptions ont alors commencé à diminuer. Alors je reçois des appels et commentaires divers rapportant que la population commence à se plaindre. Il faut noter que la même population de ce grand pays d'Afrique avait toujours crié au changement. Mais la population dit maintenant, « alors qu'il a bloqué toutes nos opportunités de « coopération » (comprenons ici traiter des affaires à l'amiable ou bien dans le noir, moyennant un 'café'), comment allons-nous vivre ? Comme si la même population préférerait et exigerait plutôt la suite de la corruption ? Ou alors nous tombons plutôt dans la problématique développée au chapitre 12 de ce livre : deux choses inséparables : le changement des mentalités et le changement des provisions. Nous y reviendrons avec plus amples détails au chapitre 12. Mais notons à ce niveau que le changement des mentalités concerne certainement et les gouvernants, et les gouvernés. Mais il serait correct d'affirmer que les gouvernants doivent 'prêcher par l'exemple'. Malheureusement, l'on a assisté à un spectacle horrible durant des années en Afrique subsaharienne où servir signifiait en fait se servir. Avec comme effet découlant : les populations gouvernées ont simplement commencé à en faire de même. Il est tout à fait vrai que l'Afrique subsaharienne est confrontée à toutes sortes de problèmes socio-économiques. Les paramètres macro et socio-économiques de cette belle Afrique sont au rouge vif. Cependant, je crois fermement qu'au-dessus des moyens financiers, elle a avant tout besoin de l'émergence d'une nouvelle catégorie des gouvernants. En effet, même si l'on donnait des moyens budgétaires considérables à des dirigeants imprégnés d'une mentalité consistant à se servir d'abord, ceci ne conduira nulle part à la fin. Je crois personnellement et fermement que le problème de l'Afrique passe essentiellement par un profond changement des mentalités, spécialement dans le chef des dirigeants de ce beau continent. L'Afrique a urgemment besoin d'une nouvelle élite, une nouvelle génération des personnes imprégnées du souci réel des populations qui n'ont qu'assez souffert. S'il est vrai que l'Afrique a effectivement besoin des moyens financiers considérables pour son développement, il est néanmoins encore plus vrai qu'elle a besoin des personnes avec une nouvelle mentalité progressive qui pourront correctement gérer ces nouveaux moyens pour l'avancement des populations qui leur donnent le mandat de les diriger. En parlant des nouvelles personnes, il ne s'agira pas de tomber dans une certaine discrimination des personnes qui ont géré jusque-là. Il s'agit plutôt d'une combinaison de ceux qui ont géré dans le passé, mais qui ont maintenant revêtu une nouvelle mentalité, se fusionnant avec ceux qui, nouvellement installés, avec une nouvelle mentalité, amènent des idées nouvelles pour le nouvel envol de l'Afrique. Ainsi, l'expérience des premiers et la fraîcheur des nouveaux, tous munis d'une nouvelle mentalité positive avec comme soubassement la justice sociale, la victoire sur la pauvreté et la lutte contre les antivaleurs de tout genre qui pullulent dans les communautés subsahariennes, va certainement produire un jour les résultats escomptés.

Disons en conclusion de ce chapitre, comme l'a si bien défendu Mr Kagamé (2019), « mon avis est plutôt que nous devons au contraire mobiliser les mentalités correctes au lieu de nous tuer d'abord pour mobiliser des fonds. En Afrique, nous avons tout ce dont nous avons besoin en termes réels. Tout ce dont nous avons besoin, nous avons le moyen de l'acquérir. Et pourtant, nous demeurons mentalement mariés à l'idée selon laquelle rien ne peut évoluer sans aide extérieure. Nous quémandons même pour ce que nous possédons déjà. Ceci est complètement un échec des mentalités ».

CHAPITRE 9

La victoire sur les antivaleurs

> « Monseigneur Laurent Monsengwo invite tous les fidèles à se dépouiller du vieil homme des antivaleurs que sont la corruption, la cupidité, le vol et le mensonge »
>
> (Radio Okapi, 2011).

Le concept « antivaleurs » semble être devenu une des préférences de plusieurs personnalités qui aimeraient inculquer un certain changement des mentalités dans des pays en crise. La définition correcte du mot « antivaleur » peut être difficile, car elle pourrait dépendre des convictions des uns et des autres. Les problèmes d'ordre sociétaires ne font pas parfois l'unanimité quant à la façon de les définir ou même de les concevoir, comme j'ai brièvement argumenté dans 'une contextualisation vitale', plus haut. Certains dictionnaires de grande et bonne réputation tels que Le Larousse ne reportaient pas le mot 'antivaleur' comme un mot officiellement enregistré jusque récemment. Ce concept semble être nouveau et est apparemment venu plus des personnes, des penseurs et d'activistes qui ont été révoltés par le fait que certaines anormalités soient devenues normes de la société.

Toutefois, certains, tels que 'LE DICTIONNAIRE' (En ligne, 2019) qui accepte ce mot, nous donne la définition de 'antivaleur' comme étant « des valeurs et comportements qui vont contre l'éthique ». Il y a donc ici l'introduction de la notion d'éthique. Le Larousse (2019) définit l'éthique comme étant « l'ensemble des principes moraux qui sont à la base de la conduite de quelqu'un ». En plus de la courte liste dans notre citation introductive (Monsengwo), dans la logique de cette définition, nous pouvons donc nommer dans la liste des anti-valeurs des activités et comportements tels que : l'injustice sociale, le dérèglement, la malhonnêteté, les insultes, les critiques destructives, la sorcellerie destructrice, le manque de ponctualité, la méchanceté, l'orgueil, l'infidélité, le manque de respect et de considération pour les autres/pour les biens publics, etc.

Il est toutefois vrai que dans la plupart des cas, moralité et niveau de vie sociale vont de pair. En effet, dans les sociétés où la vie sociale est difficile on remarquera aussi une croissance de la manifestation des anti-valeurs comme celles énumérées ci-dessus. La victoire définitive sur ces sortes d'anti-valeurs reposera essentiellement sur une forte conscientisation des masses. Comme je le soulignerai dans le dernier chapitre, le changement des mentalités en général et la victoire sur les anti-valeurs en particulier, sera certainement un travail de longue haleine. En effet, des valeurs qui ont pris possession d'une société durant des décennies ne disparaîtront donc pas comme ça tout d'un coup, comme par un coup de bâton magique. Néanmoins, la victoire sur ces anti-valeurs commence déjà à ce niveau : lorsqu'on a le courage de les identifier et de se résoudre fermement à s'en débarrasser, ayant objectivement reconnu leurs effets nocifs et destructeurs dans nos sociétés. Une fois de plus, il faudra que les élites de la société soient pionnières dans cette grande bataille, mettant complètement de côté l'exercice de toutes sortes d'anti-valeurs et mettant progressivement en place des fortes structures contre toutes sortes d'impunité. Ceci devra stimuler le reste de la population à ôter toutes sortes d'anti-valeurs. La victoire finale sera collective et savourée par tous.

CHAPITRE 10

Clash des mentalités

> « Dans la conception camerounaise, il existerait une façon de faire propre à la culture anglophone, et une autre propre à la culture francophone. En général, certains anglophones se disent plus polis, réservés, travailleurs et de loin plus respectueux que les francophones qu'ils voient comme des personnes plutôt bruyantes, fêtardes, insouciantes, impudiques. »
>
> (Fotso Fonkam, 2016)

Bien que ceci ne soit pas 'parole d'Évangile', ayant moi-même séjourné à Yaoundé (Cameroun) pendant trois ans de suite (1978 – 1981), je dois admettre que mon expérience personnelle de connexion avec les Anglophones et Francophones confirme l'hypothèse émise ci-dessus par Fonkam. Bien au-delà de cela, certaines autres expériences dans d'autres milieux du globe semblent aussi le confirmer. En 2008, après avoir séjourné pendant plus de 7 ans en Angleterre sans visiter un autre pays, je pris finalement un jour l'avion et me rendis à Paris (France). Entrant dans l'aéroport Charles de Gaulle de Paris, je me sentis comme dans un monde tout à fait différent de celui d'où je venais. Alors que je posais une question à un Monsieur de l'aéroport (apparemment un Français d'origine partant de son très bon accent typiquement français) pour m'indiquer où aller prendre mon train pour Paris, je remarquai comment il était direct et même un peu rude, tout à fait désintéressé. « Eh ben, Monsieur, il suffit de suivre les signes là. Et là-bas et ben voilà. D'accord ? Au revoir ». Oh là, je me suis senti un peu comme offensé. En fait, pour ceux qui ont vécu longtemps en Angleterre, ils connaissent un peu la courtoisie et la diplomatie des Anglais. Plus loin, étant chrétien, j'ai beaucoup d'amis chrétiens, serviteurs de Dieu anglophones et aussi francophones. La différence quand je me rends chez mes amis anglophones c'est dans la façon dont vous êtes valorisés et respectés. Je me rappelle souvent toutes les fois où je visite un ami, grand frère d'une très grande église évangélique à Manchester. Chaque fois que j'y vais, et lui le pasteur responsable et les membres de cette communauté s'adressent à moi en disant 'Hello Sir ; How are You Sir ? Etc. ». Vous sentez une différence dans la façon de faire toutes choses. C'est vraiment une mentalité différente. Cependant, quand je reviens dans les milieux francophones, c'est aussi une autre mentalité. Déjà le respect pose un certain problème. La considération des autres n'est pas toujours au RDV. L'injure facile semble être devenue norme dans la société francophone. « Les pays anglophones, associés dans le cadre du Commonwealth, se sont émancipés plus vite que les francophones ; ils n'ont dû compter que sur eux-mêmes et après des difficultés, ils sont parvenus à une gouvernance apaisée, dont l'illustration se trouve dans les résultats d'élections, parfois serrées et contestées en justice, sans débordement. Le droit des affaires a suivi naturellement. La langue anglaise prédisposait à l'ouverture sur l'extérieur et la mondialisation a été une opportunité extraordinaire. Les Anglophones se sont habitués très vite à la concurrence, ils ont des mentalités d'entrepreneurs dans le bon sens du terme. Ils sont habitués aux changements de situation et s'adaptent très vite » (Ibrahim Souleymane, 2014).

La mentalité africaine vient maintenant se mêler dans ce débat à un certain niveau. Notons déjà qu'il ne faut pas mal comprendre 'mentalité africaine'. Effectivement, il est drôle de remarquer que mêmes les Africains d'origine eux-mêmes voient déjà dans la 'mentalité africaine' quelque chose de négatif, comme une sorte de stigmate déjà préalablement collé au corps. En revanche, comme Kita (2002 : 24) le défend si bien, « le concept 'africain' tout comme 'occidental' désigne une tendance générale ; il s'agit d'un système, d'un mode de pensée, d'une manière d'être. Il serait abusif de vouloir absolument figer 'Africain' ou 'Occidental' dans des casiers établis comme dans le lit de Proclus ». Kita (*Idem, page 33*) continue en soutenant que « les diversités culturelles africaines ont été accentuées par les influences anglophones et francophones ». Selon donc le pays par qui la colonisation a eu lieu, il est remarquable de constater que les ressortissants des différents pays d'Afrique subsaharienne se comportent d'une manière ou d'une autre.

Quelle que soit l'origine (Asiatique, Américaine, Africaine, Francophone, Anglophone, etc.), encourageons plutôt tous à adopter une mentalité qui est basée et enracinée dans des valeurs positives universelles telles que le respect, la tolérance, l'amour, la réconciliation, le travail, le pardon, etc.

CHAPITRE 11

Deux choses inséparables : le changement des mentalités et le changement des Provisions

En 2014 je me suis rendu à Libreville au Gabon. Je suis un jour allé visiter mon grand-frère qui habitait dans un quartier très populaire de Libreville (P14). Alors qu'il me raccompagnait, on vit soudain un Monsieur qui termina de manger et jeta carrément toutes les feuilles restantes de son repas sur la voie publique, juste à côté de nous et j'ai dû sauter pour que le reste de sauce ne m'atteigne pas. Mon grand frère riait. Il me dit « c'est comme ça ici Jean-Claude ». Imaginons qu'on dise que ceci est un problème de mentalité qui doit changer. D'accord. Mais le problème c'est que même si on éduquait une telle personne à utiliser les poubelles au lieu de tout balancer sur la voie publique, l'on se trouverait devant le problème du manque de poubelles publiques. Il faudrait donc une provision préalable qui accompagnera le changement des mentalités. Ainsi, parfois j'ai lu des ouvrages et j'ai entendu des personnes réclamer avec cris et larmes un changement des mentalités, mais sans pour autant insister sur un changement de politique en matière de provisions devant accompagner le changement des mentalités. Le changement des mentalités doit obligatoirement être convoyé par un changement en approvisionnement, car sinon alors ce ne sont que des mots creux. À tort ou à raison, j'ai quelquefois observé que ceux qui parlent de changement de mentalité semblent le faire avec une certaine arrogance et un certain dédain, qualifiant ceux qui ont fait preuve d'attitudes et de comportements répréhensibles, de gens sans bonne éducation. Mais l'on oublie de faire d'abord une étude réaliste, empirique, et situationniste. Considérons par l'exemple le cas de cette anti-valeur appelée « corruption » dans le monde, en Afrique, et spécifiquement dans la République Démocratique du Congo. Le Zaïre d'un certain Maréchal Mobutu vivait dans une souffrance indescriptible. La population, y compris ceux à la tête et les gouvernés, devait utiliser tous les moyens à sa disposition pour survivre au jour le jour. Dans des circonstances et dans des contextes comme ceux-là, la corruption devient donc un atout de prédilection. Ainsi, nous avons assisté à une population habituée à utiliser la corruption dans tous les domaines, sauf aucun. Notons que ceci a pris plus ou moins 32 ans (24 novembre 1965 – 17 mai 1997). Après viendra à partir du 17 mai 1997, des nouveaux gouvernants et donc conséquemment un nouveau système qui a donné un certain espoir à la population dans le sens d'un changement des choses. Le départ a été bon. L'on a vu par exemple des taxis transportant 3 personnes au-devant (y compris le conducteur) être stoppés. Le chauffeur était flagellé publiquement (bien que ceci ne soit pas trop du goût des défenseurs des droits de l'homme qui trouvaient à raison la méthode trop 'inhumaine' et arbitraire). Ça semblait pourtant marcher. Est-ce ce qu'il faut pour les populations africaines ? Ceci est autre débat. Mais après quelque temps, le tout sembla rapidement commencer à rentrer au point de départ, à part quelques timides changements. En particulier, la corruption reprit de plus belle. En fait, il semblerait comme d'aucuns suggèreront, qu'elle n'avait jamais quitté les mentalités des Zaïrois/Congolais. Avec la mort du leader (Mr Laurent Désiré Kabila), un autre système et un autre leader se mettront en place jusqu'aux débuts de 2019. Mais même en restant tout à fait neutre, il faudra cependant malheureusement constater qu'après presque 22 ans (1997 à 2019) de pouvoir, l'anti-valeur appelée 'corruption' est simplement restée bien ancrée dans 'le sang' des RD congolais, à part quelques petites exceptions. Remarquons donc qu'au total nous parlons de presque 54 ans de vie (de corruption) (1965 - 2019). Mais comme nous avions insisté, ceci était aussi la conséquence d'une souffrance terrible poussant l'être humain comme toujours, lorsqu'il est placé dans des conditions pareilles, à tout faire pour survivre. Ainsi, lorsqu'on va dire haut et fort à toute la population qu'il faut abandonner la corruption, il faut se demander alors quel système de provision et d'accompagnement a été mis en place pour aider cette même pauvre population. Si par exemple ce policier dans la rue est resté presque 5 mois sans percevoir son salaire mensuel, ou même lorsqu'il est payé, son salaire ne lui permet pas de relier les deux bouts du mois, comment donc ne pas comprendre qu'il se (re) mette à rançonner la pauvre population, car devant chaque soir à son retour à son domicile prendre soin de son épouse et ses enfants ? Ne comprenez pas mal : la corruption est simplement inacceptable, quelles qu'en soient les motivations. En effet, « l'on ne tient pas pour innocent le voleur qui dérobe pour satisfaire son appétit quand il a faim » (Proverbes 6 : 30). La corruption dans les sociétés occidentales existe aussi bel et bien. La différence avec les sociétés africaines est qu'en Occident le combat contre la corruption est accompagné des mesures permettant de la contenir plus facilement. J'utilise expressément le mot 'contenir', car la corruption semble être une réalité naturellement positionnée dans l'ADN de l'être humain. Alors que je poursuivais mes études de licence en 2009 en Angleterre, j'étais choqué en lisant un matin dans la presse locale le cas de plusieurs Membres du Parlement (MP) britannique qui étaient poursuivis pour corruption diverse, notamment la falsification des factures pour se procurer des rentrées financières extra. Je ne croyais pas que de tels comportements pouvaient se produire dans un pays comme l'Angleterre, considérée comme une des plus anciennes démocraties du monde, un pays qui aime donner des leçons aux autres en termes d'intégrité. Un sondage des populations britanniques amènera à la conclusion selon laquelle « presque 50 % de la population croit qu'au moins la moitié de leurs MP sont corrompus » (BBC, 2009). Mais ce qui arriva c'est que des commissions indépendantes ont été alors mises en place pour examiner la situation. Le problème a été sérieusement suivi. Les MPs concernés ont été pris en charge, recyclés, sanctionnés, etc. La provision étant disponible, le problème a été sérieusement contenu.

CHAPITRE 12

Comment se démarquer d'une mentalité figée et développer une mentalité progressive

> « 'C'est impossible', dit la raison, 'c'est de l'inconscience', dit l'expérience, 'c'est douloureux', dit la fierté, 'essaye, dit le rêve' ».
>
> -Anonyme-

Comme brièvement discuté au chapitre premier, la mentalité figée est caractérisée par le fait que l'on se dit qu'on est comme ça et on le restera toute sa vie. La mentalité progressive elle cependant, c'est tout à fait le contraire. Le point sur lequel j'aimerai insister à ce niveau c'est que la mentalité de tout être humain peut être développée. Il s'agira d'abord de se débarrasser de genres des convictions comme quoi 'nous ne sommes rien de bon et ne ferons jamais rien de bon'. Il faut plutôt croire contre toute espérance, prenant bien soin de revoir son socle d'idées, des convictions et des points de vue. L'humilité est clé dans le chef de celui qui veut une mentalité progressive. En fait, ce qui détruit la personne avec une mentalité figée, ce n'est pas seulement de croire qu'on est comme ça et qu'on ne peut pas changer, mais le plus dangereux est plutôt de manquer cette humilité de s'examiner honnêtement ou plutôt encore d'écouter les autres, soit directement ou soit en les observant et se rendre à l'évidence qu'il faut peut-être essayer de les écouter ou mieux de les émuler comme discuté succinctement un peu plus haut. L'homme apprend constamment et évolue constamment. La mentalité aussi normalement évolue constamment. « La vie est un apprentissage permanent ; plus on croit savoir, moins on sait, tant les choses changent, et avec elles les mentalités » (Yasmina Khadra, 2009). La clé primordiale et vitale ici est celle d'avoir un 'esprit ouvert' et prêt à apprendre à tout moment. Cela exigera pouvoir sortir de ses zones de confort. Oser sortir de sa zone de confort est la clé pour celui qui veut développer une mentalité de croissance. En fait, la peur d'essayer de nouvelles choses à cause des risques probables, tient bien de fois captive, la majorité d'êtres humains. Il faut dire que l'homme tend communément à ne pas essayer de nouvelles expériences qui peuvent lui coûter cher. Pourtant la réalité c'est que les choses de grande valeur sont rarement trouvables en surface. Elles demandent habituellement que l'on aille creuser en grande profondeur afin de pouvoir y accéder. Nous parlons justement dans ce chapitre de pouvoir 'se démarquer'. Le verbe se démarquer suggère la pensée de ce qui quitte sa trajectoire ordinaire ou alors préalablement établie, afin de pouvoir prendre une direction tout à fait différente. Il est capital pour qui veut développer une mentalité progressive d'avoir le courage d'abord de quitter sa zone de tranquillité. Ceci demande un état d'esprit positif, très positif. Nous l'avions dit précédemment et le répèterons encore ici : le véritable succès se gagne d'abord dans sa pensée. Il sera donc impérieux d'oublier les échecs passés, les considérant comme des expériences conduisant à une certaine maturité pour pouvoir désormais se projeter vers le futur en étant totalement positif.

CHAPITRE 13

Quel est l'âge de ta mentalité ?

Souvent, selon l'approche normative séculaire, l'âge est compris comme étant le nombre d'années de l'existence d'un être, partant du jour de sa naissance. Mais ici, j'introduis le concept de 'l'âge de la mentalité' d'un individu comme étant plutôt « le niveau de maturité de sa mentalité ». En effet, la distinction aujourd'hui parmi les humains semble se situer au niveau de la maturité de chacun. Vous pourriez avoir des centaines des personnes faisant ce que vous faites (politiciens, serviteurs de Dieu, employés, étudiants, parents, etc.). La différence de nos jours semble plutôt résider certainement dans 'l'âge de la mentalité' de chacun de nous. Tout le monde peut tout faire, mais tout le monde ne peut pas tout faire comme vous le faites, avec votre niveau de maturité ! La maturité est cette étape ou la personne devient beaucoup plus maître de soi-même et canalise parfaitement des aspects tels que :

- La tolérance
- Le respect mutuel
- La non-discrimination

- La considération d'autrui
- Un travail professionnel et rentable
- La recherche constante de la justice sociale en société
- L'égalité en société
- Le respect du droit
- La défense des valeurs humaines de base.
- Etc.

Ceci est ainsi reflétée dans sa

- Maturité émotionnelle (maitrise de soi et discipline personnelle)
- Maturité sociale (savoir-vivre – les bonnes manières)
- Maturité intellectuelle (très bonne compréhension et analyse critique impartiale des différentes idées/notions/concepts auxquelles on est exposé)
- Maturité dans le jugement (une dose très élevée de tolérance)
- Maturité dans la réflexion (la rationalité des idées à une dimension supérieure)
- Maturité dans la conversation (une forte capacité à savoir écouter les autres et échanger respectueusement avec tous, convainquant par ses forts arguments, sans recourir à la violence ou choses semblables)

Conclusion et recommandations

Un processus de longue haleine

Nous avons commencé par revoir la littérature existante, mettant un accent sur les différentes perspectives et compréhensions de ce mot complexe, la mentalité. Plusieurs définitions ont été explorées. Cependant, malgré les apparentes divergences, il semble se dégager un consensus autour du fait que la mentalité tourne autour de « ce qui constitue le moteur central du système de l'être humain ».

Nous basant spécifiquement sur le chapitre autour de « 2 choses inséparables : la provision et le changement des mentalités », disons honnêtement en clôturant ce livre (sans l'avoir achevé) que le changement des mentalités n'est pas et ne sera jamais l'affaire d'une dizaine de minutes, mais ce sera toujours un processus et un labeur qui demandera beaucoup de patience. En effet, rien qu'à se référer à la provision qui doit suivre le train du changement des mentalités, il faut tristement admettre que dans la plupart des pays en voie de développement le train de la croissance de la provision est d'une lenteur effrayante. En fait, dans certains contextes mêmes, la provision décroît au lieu de s'accroître. Mais au-delà de ces considérations, même dans les environnements où la provision est disponible et abondante, il faut admettre que l'homme prend nativement et habituellement une certaine période avant de pouvoir changer ce qui était devenu pour lui des « schèmes normaux », développés au fil de plusieurs années. Le changement ne tombera pas du ciel. Ceci signifie aussi que de l'autre côté, il faudra que les personnes de qui l'on attend un engagement le désirent et manifestent une forte volonté de vouloir passer de leurs anciennes façons de faire à des nouvelles, véhiculant ainsi un vent et un souffle nouveau autour d'eux, pour influencer leurs confrères.

Les personnes exerçant particulièrement dans des positions d'autorité doivent être les premières à conduire le reste par leur bon exemple. Ainsi, dans ce rang, l'on citera les autorités du pays, les ministres de Religion et toutes les autres personnes en rang de dignité, tous les leaders d'opinion.

Effectivement, « *un proverbe africain dit que quand la tête se comporte mal, tout le corps suit le mouvement* » (Soro, 2016).

Il est en fait indéniable que les mauvaises mentalités acquises par exemple dans la deuxième république de l'ancienne République du Zaïre étaient carrément parties du sommet de l'État pour ainsi devenir normes de la société zaïroise de l'époque. Comme des enfants qui imitent automatiquement leurs parents, les brebis dans une église locale suivront généralement ce que leur berger leur démontre comme attitudes et habitudes. Dégommer des telles pratiques ancrées dans le chef de toute une population depuis des longues années sera donc un long processus qui demandera beaucoup de patience et un grand travail de (re) éducation.

L'éducation continuelle des masses sera indispensable

En particulier dans les zones d'Afrique subsaharienne, dans ce très long processus, l'éducation sera certainement l'élément clé si l'on veut un jour parvenir à un changement de grande envergure, pour ne pas dire pour complètement éradiquer ce fléau des mentalités empoisonnées ou plutôt encore pour avoir un revirement de mentalité à 100 %. Nelson Mandela (2013) dira avec raison que « *l'éducation est une arme puissante pour faire évoluer les mentalités* ». Cette éducation des masses devra donc se faire en continu et sans relâche. Elle doit commencer dès le bas âge et continuer inlassablement jusqu'au plus haut niveau de l'éducation intellectuelle et académique. En parlant du plus niveau des études il faudra insister ici sur l'encouragement du travail de recherche scientifique à faire en Afrique. L'historien Burkinabé Joseph Ki-Zerbo (1992) a sombrement remarqué correctement que : « le seul fait que 85 % de la recherche sur l'Afrique s'opère en dehors de l'Afrique montre bien que ce continent est déconnecté de lui-même et surtout de sa matière grise ». Les éducateurs au niveau académique/scientifique devront particulièrement essayer de constamment insister sur la grande et impérieuse puissante arme qui peut faire décoller l'Afrique demain, « le changement des mentalités ».

Ce grand travail d'éducation devra ensuite se prolonger jusqu'aux plus hautes sphères de la société, car il est impérieux de constamment rappeler à tout humain quelle devrait être sa conduite. Particulièrement, les gouvernants des nations africaines, les décideurs et ceux qui sont en position d'influencer les masses doivent respectueusement et constamment faire partie de ceux qui doivent être visés. En effet, lorsque la tête change, le reste du corps suit avec.

Parce que les sociétés africaines sont ordinairement des sociétés vivant en communauté, une des meilleures stratégies et propositions serait donc de passer par les différents regroupements locaux pour essayer de bien sensibiliser les masses, travaillant en étroite collaboration avec elles. En de termes plus pragmatiques, il faudra alors que les éducateurs travaillent en association avec des groupements tels que les associations religieuses, les associations non gouvernementales, la société civile et toutes ses composantes, les différents organes des médias locaux (radio, télévisions) les écoles étatiques et privées, etc. Le phénomène 'réseaux sociaux' qui maintenant prend des allures très gigantesques en Afrique subsaharienne ne devra pas être mis au bas de l'échelle. Ce qui y est propagé bien de fois ne contribue pas positivement à améliorer le niveau des mentalités de nos populations. Il est effectivement remarquable que la majorité du contenu de nos médias sociaux soit plutôt remplie des programmes injurieux, sans pudeur et faisant de l'anormalité le code officiel de la société. Les valeurs positives universelles sont abandonnées au détriment des valeurs un peu plus 'sauvages'. Il est similairement régulier de tomber sur des nombreux messages dont le contenu encourage plutôt une sorte de comportement 'à l'occidentale', mais qui malheureusement va totalement à l'encontre des valeurs originelles africaines, telle que la pudeur de soi-même. J'aimerai ici lancer un appel solennel à tous les professionnels, les leaders d'opinion, toutes les éducatrices/tous les éducateurs et toutes les personnes animées de bonne foi afin de ne pas lâcher prise face à l'invasion des nombreuses plateformes avec à leur tête des détenteurs d'un certain catéchisme destructif des bonnes mentalités.

Le combat est grand et terrible. La lutte sera longue et prolongée. De fait, ceux qui aujourd'hui encouragent le retour à certaines valeurs positives de la société sont drôlement classifiés comme étant 'vieux jeu'. Les valeurs éthiques et morales ne semblent plus primer sur la démagogie et l'irrationalité de certaines attitudes remarquées de nos jours sous le label 'modernité'. Je crois fermement que l'on peut tous 'évoluer' dans nos mentalités. Il suffit de se rendre d'abord humblement à l'évidence que ce que l'on suit comme 'idéal' n'est pas forcement correct. Ça demandera que l'on se laisse (re)-éduquer. C'est ici que j'espère fortement cet outil contribuera déjà dans ce sens-là, ne fut-ce que dans la vie d'une personne qui à son tour pourra affecter toute une forêt de personnes, et ainsi de suite.

L'objectif final à travers ce grand travail d'éducation en chaînes sera de développer et d'inculquer une toute nouvelle philosophie et une nouvelle idéologie. Bien sûr ceci va demander des moyens considérables. Je crois fermement que si les moyens nécessaires d'éducation et si les techniques et stratégies correctes sont mises en place, nous pourrons un jour largement vaincre le problème des mentalités négatives qui détruisent nos sociétés, en particulier les Sociétés des Nations d'Afrique subsaharienne.

Une nouvelle génération des champions

Je crois fermement que le départ ou mieux le redécollage de l'Afrique subsaharienne en particulier et du monde en général, demande aujourd'hui une nouvelle génération des personnes avec une nouvelle mentalité. Sinon alors les choses demeureront les mêmes, car les mêmes causes produisent toujours les mêmes effets. La Bible stipule : « une génération passe et une autre vient, la terre subsiste toujours » (Ecclésiastes 1 : 4 – Version Louis Second). N'ayant pas la prétention d'être meilleurs que leurs prédécesseurs, mais plutôt avec toute modestie et revêtus d'une nouvelle mentalité, cette génération des champions aura le grand défi de replacer les fondements initiaux qui ont été déplacés de leurs bornes. M'étant inspiré de l'image des quatre chérubins à quatre faces qui demeurent constamment devant le trône de la majesté divine (Ezéchiel 1 : 5-10 – Version Louis Second), je suggère la combinaison de ces 4 traits indispensables dans le profil de ces nouveaux champions, pour un meilleur rendement :

1. La face de lion

L'autorité/la domination/le pouvoir. Très important. En effet, sans autorité l'on ne peut rien influencer. L'autorité d'une personne c'est essentiellement sa parole. Je vois donc ici des personnes de parole. Les gens de parole sont respectés en société. La moralité qui règne généralement au milieu de nos communautés (de souche africaine) c'est de dire une chose et d'en faire le contraire, sans s'en soucier du tout. Beaucoup disent généralement 'oui' de la bouche tout en disant 'non' dans le cœur. Et souvent lorsqu'on découvre après que vous n'êtes pas une personne de parole, cela vous discrédite et conséquemment diminue votre capital d'autorité. Des personnes qui ont un langage mature et respectueux des autres sont influentes en société. Ce genre de langage sincère et non discriminatoire aide à mieux (re) construire la société.

2. La face d'homme

L'humanité. Je vois ici des gens qui, tout en étant autoritaires, tout en étant grands, puissants financièrement, etc., mais restent tout à fait 'humains'. Les champions de demain devront donc être des gens d'humilité et de simplicité. Le culte de la personnalité a détruit la grande majorité de nos communautés à tous les niveaux. L'HOMME est célébré à longueur de journée dans nos nations, nos églises, nos compagnies, mosquées, ONG, etc. La plupart de ceux qui ont la charge de conduire les autres se croient être directement au-dessus de tous les autres. Ils doivent être vénérés, sinon ! Et les conséquences et les dégâts sont catastrophiques…

Combinant déjà ces deux premiers traits disons donc qu'ils doivent être 'extrêmement puissants, mais extrêmement humbles' en même temps. Je fais allusion à des personnes qui ne parlent pas trop d'elles-mêmes, mais qui laissent plutôt leurs actes parler à leurs places. Mais aussi des personnes 'humaines' dans le sens où leur objectif principal sera toujours le bien-être des autres humains comme eux, étant prêt à se sacrifier pour la joie des autres. Une nouvelle génération des gens qui pensent premièrement à satisfaire les autres plutôt qu'à se satisfaire soi-même.

3. La face du bœuf

Le travail dans la patience. Une des choses qui détruit beaucoup l'Afrique subsaharienne est la mentalité de la paresse. Le bœuf, spécifiquement dans les périodes anciennes, était un peu l'image du dur labeur, particulièrement dans le domaine de l'Agriculture. Notre belle Afrique a urgemment besoin d'une nouvelle génération des bosseurs qui vont relever le défi de la pauvreté de ces dernières décennies. Comme relevé plus haut, la culture de la paresse enveloppée du manteau de la 'foi' détruit plusieurs. Débarrassons-nous-en et avançons.

4. La face de l'aigle

La vision lointaine. L'aigle est classé parmi les oiseaux qui voient leur proie de très loin avant de pouvoir l'attaquer. Le monde a urgemment besoin de personnes avec une nouvelle vision des choses. Des personnes qui ne voient plus la vie seulement en termes des belles/grosses voitures, en termes de sexe, en termes d'alcool, en termes d'argent/enrichissement rapide, en termes des belles maisons et des beaux voyages, mais des personnes qui bien qu'en ayant ou en cherchant ces choses (car on en a tous besoin pour lier les 2 bouts du mois), les possèdent avec un certain désintéressement. L'Afrique en particulier a besoin de personnes qui voient le monde non plus en termes de 'noir et blanc', mais plutôt en termes de la recherche de la meilleure couleur qui facilitera le progrès, en termes de la recherche de la personne qu'il faut à la place qu'il faut. Des champions qui voient les choses en termes de développement futur et progressif plutôt qu'en termes d'être prêts à tout pour une réussite présente éphémère.

En un mot, il s'agit ici d'avoir une nouvelle génération des personnes avec une nouvelle vision de la vie. Des personnes qui ne conceptualisent pas la vie en termes de sexe, des belles voitures, de la sape, de l'ambiance, etc. Mais plutôt de personnes qui ont une philosophie et une idéologie de la vie telle qu'ils comprennent qu'ils doivent chaque jour donner le meilleur d'eux-mêmes pour être des canaux d'affectation positive pour les autres autour de soi, pour en définitif aboutir à une société meilleure, une société bâtie sur des valeurs universelles telles que la justice sociale.

Références et bibliographie

Aficakpo (2017). 'Et si l'Heure Africaine s'achetait une montre ?'. Disponible sur http://aficakpo.com/fr/heure-africaine/

Afrique Renouveau (2010). 'Le combat des handicapes Africains'. Accessible en ligne en suivant le lien suivant https://dictionary.cambridge.org/dictionary/learner-english/dna

Alper, S. (2018). An abstract mind is a principled one: Abstract mindset increases consistency in responses to political attitude scales. Journal of Experimental Social Psychology, 77, 89-101.

Arnander, F. (2013). We are all leaders [electronic resource]: Leadership is not a position - it is a mindset. Chichester, West Sussex : Capstone.

Anonymous. (2018). Society's mindset needs to change. Nursing Times, 114(9), 14.

Avis, J.J. (2013). 'Changer de mentalité – Acquérir la mentalité du ciel'. Olonzac, France : Editions Oasis.

Badciss, B. (2014). 'Afrique : Changement des mentalités, condition du développement économique'. Disponible en ligne sur http://perserdeveloppement.over-blog.com/2014/10/afrique-changement-des-mentalites-condition-du-developpement-economique.html

Bates, P. (2016). Growth mindset. Access (Online), 30(4), 28-31.

BBC - 'Voters believe MPs corrupt – Poll (2009). Disponible sur http://news.bbc.co.uk/1/hi/uk_politics/8078159.stm

Bruce W. Kennedy. (2015). What is your mindset about learning? Lab Animal, 45(1), 43.

Burgoyne, A., Hambrick, D.A., Moser, J.S. and Burt, A. (2018). Analysis of a mindset intervention.

Journal of Research in Personality, 77, 21-30.

Callanan, C. (2011). A healthier mindset. Nursing Standard (Royal College of Nursing (Great Britain) : 1987), 25(31), 64.

Cambridge Dictionary (2020). 'Sex tape'. Accessible en ligne en suivant le lien suivant https://dictionary.cambridge.org/dictionary/english/sex-tape

Cambridge Dictionary (2020). 'DNA'. Accessible en suivant le lien suivant https://dictionary.cambridge.org/dictionary/learner-english/dna

Cato, J. (2011). Mindset matters. Physics Teacher, 49(1), 60.

Chao, M., Visaria, S., Mukhopadhyay, A., & Dehejia, R. (2017). Do Rewards Reinforce the Growth Mindset?: Joint Effects of the Growth Mind-set and Incentive Schemes in a Field Intervention. Journal of Experimental Psychology-General, 146(10), 1402-1419.

Chase, M., Claytor, R., & Ward, R. (2011). Exploring Obesity and a Fixed Mindset in African American Children. Research Quarterly for Exercise and Sport, 82(1), A83.

Chen, S., Lam, B., Buchtel, E., & Bond, M. (2014). The Conscientiousness Paradox: Cultural Mindset Shapes Competence Perception. European Journal of Personality, 28(5), 425-436.

CIAN Afrique (2014). 'Les Anglophones ont des mentalités d'entrepreneurs'. Disponible sur https://www.cian-afrique.org/media/2014/03/Les-Afriques-Diplomatie-N%C2%B013-_-Mars-2014-Afrique-francophone-vs-Afrique-anglophone.pdf

Clark, A., & Sousa, B. (2018). Definitively unfinished: Why the growth mindset is vital for educators and academic workplaces. Nurse Education Today, 69, 26.

Claro, S., Paunesku, D., & Dweck, C. (2016). Growth mind-set tempers the effects of poverty on academic achievement. Proceedings of the National Academy of Sciences of the United States of America, 113(31), 8664.

Covey, S.R. (1999). 'Les 7 habitudes de ceux qui réalisent tout ce qu'ils entreprennent ». Londres : Simon & Scuster.

Crum, A., Leibowitz, K., & Verghese, A. (2017). Making mindset matter. BMJ, 356, J674.

Dweck, C. (2000) 'Self theories: Their roles in motivation, personality, and development. New York : Psychology Press.

Dweck, C. (2008). Mindset: The new psychology of success (Ballantine Books trade pbk. ed.). New York : Ballantine Books.

Dweck, C. (2012). Mindset – Changing the way you think to fulfil your potential. London : Robinson.

Erel, & Meiran. (2011). Mindset changes lead to drastic impairments in rule finding. Cognition, 119(2), 149-165.

Felício, Meidutė, & Kyvik. (2016). Global mindset, cultural context, and the internationalization of SMEs. Journal of Business Research, 69(11), 4924-4932.

Fonkam, F. (2016). 'Francophone ou Anglophone' – Le Petit Ecolier – Eduquer pour changer les mentalités. Disponible en ligne sur http://lepetitecolier.mondoblog.org/2016/12/12/francophone-anglophone-mondochallenge-identité/

Franceinfotv (2019). 'Depuis le début de l'année, 51 femmes ont été tuées par leur conjoint ou leur ex, alerte u collectif ». Disponible sur https://www.francetvinfo.fr/societe/violences-faites-aux-femmes/depuis-le-debut-de-l-annee-51-femmes-sont-mortes-sous-les-coups-de-leur-conjoint-deplore-un-collectif_3435731.html

Futura Sante (2019). 'ADN. En ligne. Disponible sur https://www.futura-sciences.com/sante/definitions/medecine-adn-87/

Garred, M. (2013). The Power of Mindsets: Bridging, Bonding, and Associational Change in Deeply Divided Mindanao. Journal of Civil Society, 9(1), 21-40.

Grayson, L., Macesic, N., Huang, G.K., Bond, K., Fletcher, J., Gwendolyn L Gilbert, and G.L., Cruickshank, M. (2015). Use of an Innovative Personality Mindset Profiling Tool to Guide Culture- Change Strategies among Different Healthcare Worker Groups. PLoS ONE, 10(10), E0140509.

Heilman, C. (2017). Elevate your excellence: The mindset and methods that make champions (Health, wellness, and exercise science collection). New York, New York : Momentum Press Health.

Hitt, M., Javidan, Mansour, & Steers, Richard M. (2007). The global mindset [electronic resource] (Advances in international management; v. 19). Amsterdam ; Oxford : Elsevier JAI.

Honwana, A. (1997). Healing for Peace: Traditional Healers and Post-War Reconstruction in Southern Mozambique. Peace and Conflict: Journal of Peace Psychology, 3(3), 293-305.

Hooper, N., Crumpton, A., Robinson, M., & Meier, B. (2018). A weight-related growth mind-set increases negative attitudes toward obese people. Journal of Applied Social Psychology, 48(9), 488- 493.

Hwang, J. (2016). EFFECT OF PROSOCIAL BEHAVIORS IN A MATING MINDSET ON PURCHASE DECISIONS. Social Behavior and Personality, 44(3), 463-479.

Jevtić, M., & Bouland, C. (2017). Mental Health & the role of mind-set in Climate Change issues. The European Journal of Public Health, 27(Suppl3), 156-156.

Kennedy, J. (2012). Your mind-set creates your results. Tribology & Lubrication Technology, 68(8), 60. Khadra, Y. (2008). 'Ce que le jour doit à la nuit'.

Kita, J.K. (2003). 'Pour comprendre la mentalité Africaine – Les rapports Afro-Occidentaux en dynamisme constructif. Hamburg & Londres : LIT VERLAG Münster.

Ki-Zerbo, J. (1978) 'Histoire de l'Afrique noire'. Paris : Editions Hatier.

Ki-Zerbo, J. (1990). 'Éduquer ou périr' (Impasses et perspectives africaines). Dakar-Abidjan, UNESCO–UNICEF.

Kungua, B.A.M. (2002). Panorama de la Théologie Négro-Africaine Contemporaine, L'Harmattan, Paris, 2002, 210 pages.

ID., Panorama des Théologies négro-africaines anglophones. Paris : L'Harmattan.

Kungua, B.A.M. (2008). Le Dieu Crucifié en Afrique. Esquisse d'une Christologie négro-africaine de la libération holistique. Paris : L'Harmattan.

Kungua, B.A.M. (2011). De la Post colonie à la Mondialisation néolibérale. Radioscopie éthique de la crise négro-africaine contemporaine. Paris : L'Harmattan.

Kungua, B.A.M. (2015). Déconstruction phénoménologique et théologique de la modernité occidentale : Michel Henry, Jean-Luc Marion et Hans Urs von Balthasar. Paris : L'Harmattan.

Kungua, B.A.M. (2012). Les Diasporas africaines et noires face au développement. Enjeux, Défis et Perspectives d'avenir, Afroscopie II/2012 (Revue savante et pluridisciplinaire sur l'Afrique et les communautés noires). Ottawa-Paris : Cerclecad-Harmattan.

Kungua, B.A.M. (2013). Le Bilan de 50 ans des indépendances politiques africaines et les défis de l'intégration des Africains au Canada. Histoire, Enjeux éthiques et Perspectives d'avenir pour la Renaissance africaine, Afroscopie III/2013 (Revue savante et pluridisciplinaire sur l'Afrique et les communautés noires). Ottawa-Paris : Cerclecad-Harmattan.

Kungua, B.A.M. (2014). Leadership Féminin et Action politique. Le cas des communautés africaines du Canada, Afroscopie IV/2014, (Revue savante et pluridisciplinaire sur l'Afrique et les communautés noires). Ottawa-Paris : Le Cerclecad-Harmattan.

Kungua, B.A.M. (2015). Les Intellectuels africains au Canada : Missions, Figures, Visions et Leaderships, Afroscopie V/2015, (Revue savante et pluridisciplinaire sur l'Afrique et les communautés noires). Ottawa-Paris : Le Cerclecad-Harmattan.

Kungua, B.A.M. (2016). Dieu et l'Afrique. Une approche prophétique, émancipatrice et pluridisciplinaire, Afroscopie VI/2016, (Revue savante et pluridisciplinaire sur l'Afrique et les communautés noires). Ottawa-Paris : Le Cerclecad-Harmattan.

Kungua, B.A.M. (2017). La Chine et l'Inde en Afrique. Une approche postcoloniale et pluridisciplinaire. Suivi de plusieurs articles en théologie, philosophie et sciences sociales et politiques, Afroscopie VII/2017, (Revue savante et pluridisciplinaire sur l'Afrique et les communautés noires). Ottawa-Paris : Le Cerclecad-Harmattan.

Kungua, B.A.M. (2018). Philosophies africaines, Études postcoloniales et Mondialisation néolibérale. Variations africaines et diasporiques, Afroscopie VIII/2018, (Revue savante et pluridisciplinaire sur l'Afrique et les communautés noires). Ottawa-Paris : Le Cerclecad-Harmattan, Ottawa-Paris.

Kungua, B.A.M. (2020). L'inexistence de ~~l'État~~ en Afrique contemporaine et l'opérationnalisation des alternatives politiques émancipatrices, Afroscopie IX/2019, (Revue savante et pluridisciplinaire sur l'Afrique et les communautés noires). Ottawa-Paris : Le Cerclecad-Harmattan.

Kungua, B.A.M. (2020). Dieu, Jean-Marc Ela, ENGELBERT MVENG ET L'AFRIQUE : Vers un christianisme africain autonome fécondé par une théologie de la libération prophétique et trinitaire, Afroscopie X/2020, (Revue savante et pluridisciplinaire sur l'Afrique et les communautés noires). Ottawa-Paris : Le Cerclecad-Harmattan.

Kungua, B.A.M. (2020-2021). REPENSER, GUÉRIR ET TRANSMUTER L'IMAGINAIRE AFRICAIN. La reconstruction des sociétés africaines par l'intelligence pluridisciplinaire et le travail systématique de ses élites et de ses populations. Hommage au Professeur Godefroid KÄ MANA KANGUDIE, **Afroscopie XI/2021**, (Revue savante et pluridisciplinaire sur l'Afrique et les communautés noires), publiée par Le Cerclecad-Harmattan, Ottawa-Paris, 2021.

Lavie-Ajayi, & Krumer-Nevo. (2013). In a different mind-set : Critical youth work with marginalized youth. Children and Youth Services Review, 35(10), 1698-1704.

Larousse (2019). 'Ethique'. Disponible en ligne sur https://www.larousse.fr/dictionnaires/francais/%c3%a9thique/31389?q=ethique#31 324

Le Dictionnaire (2019). 'Antivaleur'. Disponible en ligne sur https://www.le-dictionnaire.com/définition/antivaleur

Macnamara, & Rupani. (2017). The relationship between intelligence and mind-set. Intelligence, 64, 52-59.

Makondo, L. (2012). Mind-set Change Prerequisite for Academic Excellence: A Case of Four Zimbabwean and South African Universities. South African. Journal of Higher Éducation, 26(1), 105- 119.

Marleau, M.E. (2010). 'Les processus de prise de conscience et d'action environnementales : le cas d'un groupe d'enseignants en formation en éducation relative à l'environnement. Disponible sur https://archipel.uqam.ca/4234/1/M11997.pdf

Masson, V. (1992). Mindset. AJN, American Journal of Nursing, 92(8), 10-11.

Michel-Kerjan, E. (2015). Effective risk response needs a prepared mind-set. Nature, 517(7535), 413. Moser, J., & Schroder, H. (2012). IT'S ALL IN YOUR MIND(SET) : TRAIT AND STATE GROWTH MINDSET FACILITATE ADAPTIVE ERROR PROCESSING. Psychophysiologie, 49, S12.

New York Times (2019). 'Trump Serves Notice to Quit Paris Climate Agreement'. Consulte le 15/12/2019. Accessible sur le lien suivant : https://www.nytimes.com/2019/11/04/climate/trump-paris-agreement-climate.html

Nnadozie (2017). 'L'Afrique a besoin d'un changement de mentalité et d'un leadership transformateur'

– African Capacity Building Foundation ACBF. Disponible en ligne sur https://www.acbf-pact.org/fr/media/news/%C2%AB-l%E2%80%99afrique-besoin-d%E2%80%99un-changement-de-mentalit%C3%A9-et-d%E2%80%99un-leadership-transformateur-%C2%BB

Osteen, J. (2017). 'Changez de mentalité'. Top Chrétien. Disponible sur https://lapenseedujour.topchretien.com/changez-de-mentalite/

Pullin, J. (2007). Change your mind-set. Professional Engineering, 20(5), 39-40.

Radical change means we need a whole new mind-set. (2016). The Times Educational Supplement, p. The Times Educational Supplement, Jan 29, 2016, Issue 5182.

Reggev, Hassin, & Maril. (2012). When two sources of fluency meet one cognitive mind-set. Cognition, 124(2), 256-260.

Rimanoczy, I. (2013). Big bang being [electronic resource]: Developing the sustainability mind-set. Sheffield : Greenleaf Pub.

Schroder, H., Moser, J., Donnellann, B., Heeter, C., & Lee, Y. (2012). THE MINDSET OF MISTAKES: GROWTH MINDSET INDUCTION FACILITATES ADAPTIVE ERROR PROCESSING AND ADJUSTMENTS. Psychophysiology, 49, S77-S78.

Shepherd, D., & Patzelt, Holger. (2018). Entrepreneurial Cognition [electronic resource]: Exploring the Mind-set of Entrepreneurs. Cham : Springer International Publishing : Imprint : Palgrave Macmillan.

Soro, J.P (2016). 'L'Heure Africaine'. Voir le monde autrement. Savanes. Disponible sur http://savanes.mondoblog.org/2016/07/lheure-africaine/

Stanz, K. (2012). Talent mind-set of leaders in the South African aviation industry. International Journal of Psychology, 47, 520.

Sweeney, J., Imaretska, Elena, & McCarthy, Paul. (2016). The innovative mind-set: 5 behaviors for accelerating breakthroughs. Hoboken, New Jersey: Wiley.

Taylor, S., Gollwitzer, P., & Kruglanski, Arie W. (1995). Effects of Mind-set on Positive Illusions.

Journal of Personality and Social Psychology, 69(2), 213-226.

Tomasko, R. (2006). Bigger is not always better [electronic resource]: The new mind-set for real business growth. New York : AMACOM. Varvin, S. (2017).

Fundamentalist mind-set. The Scandinavian Psychoanalytic Review, 40(2), 94-104.

TRT (2020). "L'Afrique a un problème avec sa mauvaise gouvernance non pas avec ses femmes (Experts) ». Accessible en ligne en suivant le lien suivant https://www.trt.net.tr/francais/afrique-asie/2017/07/15/l-afrique-a-un-probleme-avec-sa-mauvaise-gouvernance-non-pas-avec-ses-femmes-experts-769363

Wang, Zhong, & Murnighan (2014). The social and ethical consequences of a calculative mind-set.

Organizational Behavior and Human Decision Processes, 125(1), 39-49.

Winyard, G. (2013). Political mind-set must change. BMJ : British Medical Journal, 346(7898), 24.

Wulf, G., Chiviacowsky, S., Lewthwaite, R., & Duberstein, Paul. (2012). Altering Mind-set Can Enhance Motor Learning in Older Adults. Psychology and Aging, 27(1), 14-21.

Zingoni, M., & Corey, C. (2017). How Mind-set Matters. Journal of Personnel Psychology, 16(1), 36- 45.

TABLE DES MATIÈRES

Structures éditoriales du groupe L'Harmattan

L'Harmattan Italie
Via degli Artisti, 15
10124 Torino
harmattan.italia@gmail.com

L'Harmattan Hongrie
Kossuth l. u. 14-16.
1053 Budapest
harmattan@harmattan.hu

L'Harmattan Sénégal
10 VDN en face Mermoz
BP 45034 Dakar-Fann
senharmattan@gmail.com

L'Harmattan Cameroun
TSINGA/FECAFOOT
BP 11486 Yaoundé
inkoukam@gmail.com

L'Harmattan Burkina Faso
Achille Somé – tengnule@hotmail.fr

L'Harmattan Guinée
Almamya, rue KA 028 OKB Agency
BP 3470 Conakry
harmattanguinee@yahoo.fr

L'Harmattan RDC
185, avenue Nyangwe
Commune de Lingwala – Kinshasa
matangilamusadila@yahoo.fr

L'Harmattan Congo
67, boulevard Denis-Sassou-N'Guesso
BP 2874 Brazzaville
harmattan.congo@yahoo.fr

L'Harmattan Mali
Sirakoro-Meguetana V31
Bamako
syllaka@yahoo.fr

L'Harmattan Togo
Djidjole – Lomé
Maison Amela
face EPP BATOME
ddamela@aol.com

L'Harmattan Côte d'Ivoire
Résidence Karl – Cité des Arts
Abidjan-Cocody
03 BP 1588 Abidjan
espace_harmattan.ci@hotmail.fr

L'Harmattan Algérie
22, rue Moulay-Mohamed
31000 Oran
info2@harmattan-algerie.com

L'Harmattan Maroc
5, rue Ferrane-Kouicha, Talaâ-Elkbira
Chrableyine, Fès-Médine
30000 Fès
harmattan.maroc@gmail.com

Nos librairies en France

Librairie internationale
16, rue des Écoles – 75005 Paris
librairie.internationale@harmattan.fr
01 40 46 79 11
www.librairieharmattan.com

Librairie l'Espace Harmattan
21 bis, rue des Écoles – 75005 Paris
librairie.espace@harmattan.fr
01 43 29 49 42

Lib. sciences humaines & histoire
21, rue des Écoles – 75005 Paris
librairie.sh@harmattan.fr
01 46 34 13 71
www.librairieharmattansh.com

Lib. Méditerranée & Moyen-Orient
7, rue des Carmes – 75005 Paris
librairie.mediterranee@harmattan.fr
01 43 29 71 15

Librairie Le Lucernaire
53, rue Notre-Dame-des-Champs – 75006 Paris
librairie@lucernaire.fr
01 42 22 67 13